I0355501

www.ingramcontent.com/pod-product-compliance
Lightning Source LLC
Chambersburg PA
CBHW070105080526
44586CB00013B/1195
9781617046056

كتاب
قال له الخَزَرِيّ

Kitab al Khazari

الحاخام يهودا هليفي

Rabbi Yehuda Halevi

SimchatChaim.com

There is no known book without mistakes. Therefore, I ask in every language of application if anyone has any questions, comments, clarifications, corrections, please send to: **book@simchatchaim.com**

All material used in this section may not be used for commercial purposes, but only for study and teaching.

To get this book or books and information Email me at:

book@simchatchaim.com

Copyright©All Rights Reserved to

www.simchatchaim.com

YB"S©All rights reserved to the Editor

First Edition 2023

كتاب
قال له الخَزَرِيّ

Kitab al Khazari

الحاخام يهودا هليفي

Rabbi Yehuda Halevi

محتويات الكتاب

3. مقدمة الكتاب

5. الفصل الأول

39. الفصل الثاني

75. الفصل الثالث

117. الفصل الرابع

1

محتويات الكتاب | قال له الخَزَريّ

مقدمة الكتاب

شاعر وفيلسوف. وُلِد في إسبانيا، إما في توليدو أو توديلا ، عام 1075 أو 1086 ، وتوفي بعد وقت قصير من وصوله إلى الأرض المقدسة عام 1141 ، في ذلك الوقت مملكة القدس الصليبية.

يعتبر ربي يهودا هليفي أحد أعظم الشعراء العبريين، وقد اشتهر بقصائده الدينية والعلمانية، والتي يظهر الكثير منها في الليتورجيا الحالية. كان أعظم أعماله الفلسفية - The Kuzari Book

إنه العمل الفلسفي للربي يهودا هاليفي [ريحا "الأول] ، الذي كتب في عام 1139 باللغة اليهودية العربية. ترجم الحكيم اليهودي ربي يهودا بن تيبون هذا الكتاب من العربية إلى العبرية. وكان أول كتاب عبرية من الكتاب يسمى" الكوزاري " الكتاب "ومن ثم اكتسب اسمه الشهير. الكتاب مكتوب على شكل محادثة بين ملك الخزر وحكيم يهودي حول أسس اليهودية. قصة التحول الطوعي للخزار منذ عدة أجيال تخدم المؤلف كخلفية وأساس لشخصية الملك الخزر ، يعتبر كتاب الكوزري أحد أعمدة الفلسفة اليهودية بشكل خاص والفكر اليهودي بشكل عام.

الكتاب، المؤلف من خمسة أجزاء ، مكتوب في خمس مقالات. يصف ويحمي مبادئ العقيدة اليهودية ، في وقت كانت فيه اليهودية بين المطرقة المسيحية والسندان المسلم ، وفي هجوم على جانبي الفلسفة ومن جانب القرائين [جماعة اليهود الذين تركوا اليهودية الذين رفض اتباع الحكماء]. يستخدم الكتاب الإطار الخارجي للمنهج الأفلاطوني للحوار ، مع تفسير مختلف قليلاً لمفهوم الحوار ، ومن وجهة نظر الإدراك الداخلي ، ريبي يهودا هاليفي الذي غالبًا ما يستخدم المفاهيم الأرسطية ، على الرغم من معارضته المبدئية لها. لتوضيح الأفكار التي يقدمها.

من خلال الحوارات بين ملك الخزر الذي يبحث عن دين جديد ، والحكيم اليهودي الذي يصف اليهودية له ، يُظهر

ربي يهودا هليفي أساسًا كاملاً للدين اليهودي لا يقوم على منطق فلسفي بارد ، بل على أساس المنطق الفلسفي البارد. الوحي النبوي التاريخي الذي لا يتعارض هنا مع التفكير العقلاني. من خلال أسئلة وتحقيقات الملك قزور ، يواجه الربي يهودا هليفي الأديان والمعتقدات والآراء الفلسفية المختلفة ، ويعرض موقف اليهودية من هذه القضايا ، حسب تفسيره. على عكس الكتب الفلسفية النظرية ، فإن هذا الكتاب نابض بالحياة وحيوي ويتحدى القارئ أن يواصل قراءته بسبب شكله وأسلوبه ومحتواه. يتضح في الكتاب معرفة ربي يهودا هليفي العميقة بفضائل اليهودية، وتعليمه الفلسفي الواسع ، فضلاً عن فهمه العلمي ومهنته [طبيب].

يبدأ الكتاب بحلم ملك قزور ، حيث يرى ملاكًا يخبره: "نيتك مرغوبة ، لكن الفعل غير مرغوب فيه". يعود هذا الحلم إليه عدة مرات. نظرًا لأن الملك يحافظ على دين الخزر بالكامل، فهو يدرك أنه سيتعين عليه البحث عن الفعل المطلوب في مكان آخر. التقى أولاً بفيلسوف غير يهودي. يتفق الملك كوزر مع كلمات الفيلسوف المنطقية والمتسقة لكنها تتعارض مع كلمات الحلم، حيث يسعى الملك إلى الفعل المطلوب. بينما يدعي الفيلسوف أن الله ليس لديه إرادة ولا يشرف على البشر من الديانات الأخرى، فإن الملك يسبق اللقاء بالمسيحي. إن الإجابات المسيحية لا تستقر على قلبه ، فهي لا تعتمد على المنطق والحكمة ، وهي تستحق من تربى عليها منذ الصغر أو تنبأ في عينيه بنفس العلامات. في لقائه مع الحكيم المسلم ، لا يقبل بإمكانية وجود دين عالمي مكتوب بلغة وطنية. عدم وجود خيار، ورؤية أن الأديان الرئيسية تنبت منه. إنه يفحص اليهودية ـ "الدين الحقير" ـ ويلتقي بربي يهوديًا. يجد معنى في كلماته، وكثيرًا ما يسأله ويسأله أسئلة. بعد هذا ، يتحول الملك وجميع قومه. يواصل الملك الحديث مع Rebbi حتى بعد إسلامه.

حجة القزير هي مثال يهودي شهير لمحاولة تأسيس استقامة الدين من خلال التقاليد على تجربة الوحي أو التجربة المعجزة التي حدثت بالفعل.

كتاب
قال له الخَزَرِيّ

Kitab al Khazari

الحاخام يهودا هليفي

Rabbi Yehuda Halevi

الفصل الأول

1. سُئِلْتُ عمّا عنديَ من الاحتجاج على مُخالفينا من الفلاسفة وأهل الأديان ثمّ على الخوارج الذين يخالفون الجمهور. تذكّرت مه قد سمعتهُ من حجج الحَبْرِ، الذي كان عند مَلِك الخَزَرِ الداخل في دين اليهود [اليوم قبل أربع ماية سنة، على ما شُهِد وجاء في كتاب التواريخ، أنه تكرّر عليه رؤيا، كأنّ ملاكًا يخاطبه ويقول له: إنَّ نيّتك مرضيّة عند الله لكن عملك غير مرضيّ. وكان يجتهد جدًّا في التعبّد في دين الخَزَر، حتّى أنه كان يخدم خِدمة الهيكل والقرابين بنفسه بنيّة صافية خالصة. فكلّما اجتهد في تلك الأعمال، جاءه الملاك في الليل يقول له: نيّتك مرضيّة وعملك غير مرضيّ. فسبّب له ذلك البحث عن الأديان والنحل وتهوّد آخرا هو وجمهور الخَزَر. وكان من حجج الحَبْر ما أقنعني، وطابق اعتقادي، فرأيت أن أثبت ذلك الاحتجاج كما وقع "والعقلاء يفهمونه".

قيل إنَّ مَلِك الخَزَر لمّا رأى في رؤياه، أنَّ نيّته مرضيّة عند الله وعمله غير مرضيّ، وأمره في النوم أن يطلب العمل المرضيّ عند الله، سأل فيلسوفًا عن معتقده.

فقال له الفيلسوف: ليس عند الله رضا ولا بغض، لأنّه تعالى مُنزَّه عن الإرادات والأغراض، لأنَّ الغرض يدلّ على نقصان المُغرِض، وأنَّ تمام غرضه كمال له، ومهما لم يتمّ فهو نقصان. وكذلك هو مُنزَّه عند الفلاسفة عن علم الجزئيات، لأنّها متغيّرة مع الأحيان، وليس في علم الله تغيّر. فهو لا يدريكَ،

فضلًا عن أن يدري نيّتكَ وأعمالكَ، فضلًا عن أن يسمع صلاتكَ ويرى حركاتكَ. نعم، وإنْ قالت الفلاسفة إنّه خلقكَ فعلى المجاز، لأنّه علّة العلل في خلقة كل مخلوق، لا لأنّه مقصود من قِبَلِهِ. نعم، ولا خلق قطّ إنسانًا لأنَّ العالم قديم، لم يزلْ ينشأ الإنسان من إنسان قبله، تتركّب فيه صُوَر وخُلْق وأخلاق من أبيه وأمّه وقرابته، وكيفيّات الأهوية والبلدان والأغذية والمياه، مع قوى الأفلاك والدَّرَارِيّ والبروج بالنسب الحاصلة منها.

والكلّ راجع إلى السبب الأوّل، لا عن غرض له، لكن فيض فاض عنه سبب ثانٍ، ثمّ ثوالث وروابع، وتلازمت الأسباب والمسبّبات وتسلسلت، كما تراها، وتلازمها قديم كما أنَّ السبب الأوّل قديم، لا أوّل له.

فلكلّ شخص من أشخاص الدنيا أسباب بها يتمّ. فشخص تكاملت أسبابه فجاء كاملًا، وشخص نقصت أسبابه فجاء ناقصًا، كالحبشيّ الذي لم يُهيَّأ لأكثر من قبول صورة الإنسان والنطق على أنقص ما يمكن. والفيلسوف الذي تهيأت له استعدادات يقبل بها الفضائل الخلَقية والخُلقية والعلمية والعملية ولم ينقصه شيء من الكمال.

لكن هذه الكمالات بالقوّة، يُحتاج في إخراجها إلى الفعل إلى التعليم والتأديب، فتظهر الهيئات على ما هُيِّئَت له من كمال ونقصان وتوسّطات إلى ما لا نهاية له. فالكامل يتّصل به من النمط الإلهيّ نور، يسمَّى العقل الفعّال، يتّصل به عقله المنفعل اتّصال اتّحاد حتّى يرى الشخص أنّه هو ذلك العقل الفعّال، لا تغايُر بينهما، وتصير آلاته، أعني أعضاء ذلك الشخص، لا تتصرّف إلاّ في أكمل الأعمال وفي أوفق الأوقات، وعلى أفضل الحالات، وكأنّها آلات للعقل الفعّال لا للعقل الهيولانيّ المنفعل الذي كان من قبل يصرّفها، فكان يُصيب مرّة ويُخطئ مرّات، وهذا يصيب دائمًا. وهذه الدرجة الغاية القُصوى هي المرجوّة للإنسان الكامل، بعد أن تصير نفسه مطهَّرة من الشكوك، محصّلة للعلوم على حقائقها، فتصير كأنّها مَلَك، فتصير بأدْون رتبة من المَلَكوتية المفارقة للأجساد، وهي رتبة العقل الفعّال وهو مَلَك رتبته دون المَلَك الموكَّل بفلك القمر. وهي عقول مجرَّدة عن المَوادّ قديمة مع السبب الأوّل،

لا تخاف الفناء أبدًا. فتصير نفس الإنسان الكامل وذلك العقل شيئًا واحدًا، فلا يُخلى بفَناء جسده وآلاته، إذ قد صار وذلك شيئًا واحدًا، وطابت نفسه في الحياة، إذ صار في زُمرة هرمس وأسقلابيوس وسقراط وأفلاطون وأرسطوطاليس، بل هو وهم وكلّ من كان في درجتهم والعقل الفعّال شيء واحد.

فهذا الذي يكنَّى عنه برضا الله على سبيل اللغز أو التقريب. فاتَّبِعْهُ واتّبع العلمَ بحقائق الأمور، ليصير عقلك فاعلًا لا مُنفَعِلًا، والزمْ أعدل الطُرق في الأخلاق والأعمال لأنّه معونة في تصوّر الحقّ ولزوم التعلّم والتشبّه بذلك العقل الفعّال.

ويتبع هذا القنوع والخضوع والخشوع وكلّ خُلْق فاضل، مع التعظيم للسبب الأوّل، لا ليهبك رضاه، ولا ليزيل عنك سخطه، بل للتشبُّه للعقل الفعّال في إيثار الحقّ، ووصف كلّ شيء بما يجب له، واعتقاده على ما هو عليه. فهذا من صفات العقل. فإذ صرتَ بهذه الصفة من الاعتقاد، لا تبالي بأيّ شَرْع تشرّعتَ أو تديّنتَ وعظَّمْتَ، وبأيّ قول وبأيّ لسان وبأيّ أعمال. أو اخترِعْ لنفسك دينًا لمعنى التخشّع والتعظيم والتسبيح وتدبير أخلاقك وتدبير منزلك ومدينتك، إن كنت مُقلّدًا مقبولًا منهم، أو تديَّن بالنواميس العقلية المؤلّفة للفلاسفة، واجعلْ قصدك وغرضك صفاء نفسك.

وبالجُملة، فاطلب صفاء القلب بأيّ وجه أمكنَك بعد تحصيل كُلّيات العلوم على حقائقها، فتصادف مطلبك، أعني الاتّصال بذلك الروحانيّ، أعني العقل الفعّال. ورُبّما أنبأكَ وأمركَ بعلم غيب من منامات صادقة وخيالات مصيبة.

2. قال له الخَزَرِيّ: إنَّ كلامك لمقنع، لكنّه غير مطابق لطلبتي، لأنيّ أعلم من نفسي أنّي صافي النفس مسدَّد الأعمال نحو رضا الربّ، لكن كان جوابي أنَّ هذا العمل ليس بمرضيّ، وإنْ كانت النيّة مرضيّة، فلا شكّ أنَّ ثَمَّ عملًا ما مرضيًا بذاته لا بحسب الظنون. وإلاَّ فإنَّ النصرانيّ والمسلم، اللذين اقتسما المعمورة، يتقاتلان وكلّ واحد منهما قد أصفى نيّته لله، وترهّب وتزهّد وصام وصلّى، ومضى مصمّمًا لقتل صاحبه، وهو يعتقد أنَّ في قتله أعظم حسنة وتقرّب إلى الله، فيقتتلان، وكلّ واحد منهما

يعتقد أنَّ مسيره إلى الجنّة والفردَوْس، وتصديقهما مُحال عند العقل.

3. قال الفيلسوف: ليس في دين الفلاسفة قتل واحد من هؤلاء إذ يؤمّون العقل.

4. قالَ الخَزَرِيُّ: وأيّ حيرةٍ عند الفلاسفة أعظم من اعتقادهم الحَدَث، وأنَّ العالم خُلق في ستة أيام، وأنَّ السبب الأوّل يكلّم شخصًا من الناس، فضلًا عن ذلك التنزيه الذي تنزّهه الفلاسفة عن معرفة الجزئيات. ومع هذا، فكان ينبغي على أعمال الفلاسفة وعلومهم وتحقيقهم واجتهادهم أن تكون النبوّة مشهورة فيهم شائعة بينهم، لاتّصالهم بالروحانيات، وأن يوصف عنهم غرائب ومعجزات وكرامات. ولقد نرى المنامات الصادقة لمن لم يُعْنَ بالعلم ولا بإصفاء نفسه، ونجد ضدّ ذلك فيمن رامه، فدلّ أنَّ للأمر الإلهيّ وللنفوس سرًّا سوَى ما ذكرتَه يا فيلسوف.

ثُمّ قالَ الخَزَرِيُّ في نفسه: أَسأل النصارى والمسلمين فإنَّ أحد العملَين هو لا شك المرضيّ. وأمّا اليهود فكفى ما ظهر من ذلّتهم وقلّتهم ومَقْت الجميع لهم.

فدعا بعالم من عُلماء النصارى فسأله عن علمه وعمله.

فقال له: أنا مؤمن بالحَدَث للمخلوقات وبالقِدَم للخالق تعالى، وأنّه خلق العالم بأَسْره في ستة أيام، وأنَّ جميع الناطقين من ذُرية آدم ثُمّ من ذرية نوح، وإليه ينتسبون كُلّهم، وأنَّ لله عناية بالخلق، واتّصالًا بالناطقين، وسخطًا ورضًا ورحمة وكلامًا وظهورًا وتجلّيًا لأنبيائه وأوْليائه، وحُلولًا في ما بين من يرضاه من الجماهير. والجُملة، فكلّ ما جاء في التوراة، وفي آثار بني إسرائيل، التي لا مدفع في صدقها لشُهرتها ودوامها وعلانيّتها في الجماهير العظام. وفي آخِرياتها وعاقبة لهم تجسّمت اللاهوتية، وصارت جنينًا في بطن عذراء من أشراف نساء بني إسرائيل، وولدتْه ناسوتيّ الظاهر لاهوتيّ الباطن، نبيًّا مُرسَلًا في ظاهره، إلهًا مُرسِلًا في باطنه، وهو المسيح،

المسمَّى عندنا بابن الله، وهو الأب وهو الابن وهو روح القُدس. فنحن موحّدون حقيقةً، وإنْ ظهر على لساننا التثليث.

نؤمن به وبحلوله في بني إسرائيل إجلالًا لهم، على ما لم يزل الأمر الإلهيّ يتّصل بهم، حتّى عصى جمهورهم هذا المسيح وصلبوه. فصار السخط مستمرًّا على جمهورهم، والرضا على الأفراد التابعين للمسيح، ثمّ على الأمم التابعين لأولئك الأفراد، ونحن منهم. وإنْ لم نكن من ذرّية إسرائيل، فنحن أوْلى بأن نتسمّى بني إسرائيل، لإتباعنا المسيح. وأصحابه من بني إسرائيل اثنا عشر مقامَ الأسباط. ثمّ جملة من بني إسرائيل تابعت لأولئك الاثني عشر، صاروا كالخميرة لأمّة النصارى، واستحقوّا درجة بني إسرائيل، وصار لنا الظفَر والانتشار في البلاد.

وجميع الأمم مدعوّون إلى هذا الدين، مكلَّفون العمل به من تعظيم المسيح وتعظيم صليبه الذي صُلب عليه وما أشبهه وحكاه. وأحكامنا وسِيَرنا فمن وصايا شمعون الحواريّ، وقوانين مأخوذة من التوراة التي نقرأها، ولا مدفع في حقيقتها وأنّها من عند الله. وقد قيل في الإنجيل عن المسيح ما جئتُ لأنقض شريعة من شرائع موسى، بل جئت لأعضدها ولأزيدها.

5. قالَ الخَزَرِيُّ: ليس ههنا مجال للقياس، بل القياس يُبعد أكثر هذا الكلام. لكن إذا صحّ العيان والتجربة حتّى يأخذ بمجامع القلب، ولا يجد مندوحة في اعتقاد غير ما صحّ عنده، تحيّل على القياس بلُطفه حتّى يقرِّبُ ذلك المستبعَد، كما يفعل الطبيعيّون في الخواصّ الغريبة التي تطرأ عليهم، ممّا لو حُدّثوا بها قبل رؤيتها لأنكروها، فإذا رأوها تلطّفوا وجعلوا لها أسبابًا من النجوم والروحانيات ولم يدفعوا العيان. وأنا لا أجدني طيّب النفس لقبول هذه الأمور، لأنّي طرأتُ عليها ولم أنشأ فيها والاستقصاء واجب عليَّ.

ثمّ استدعى عالمًا من عُلماء الإسلام، وسأله عن علمه وعمله.

فقال: إنّا نُثبت الوحدانية والقِدَم لله، والحَدَث للعالَم، والانتساب إلى آدم ونوح، وننفي التجسيم جُملةً، وإنْ ظهر

شيء في القول تأوّلناه وقلنا إنّه مَجاز وتقريب، مع إقرارنا بأنَّ كتابنا كلام الله وهو في ذاته مُعجزة، يجب علينا قبوله من أجل ذاته، إذ لم يمكن أحدًا أن يأتي بمثله، ولا بمثل آية من آياته، وأنَّ نبيّنا خاتم النبيّين وناسخ لكلّ شريعة تقدّمت، وداعي الأمم كُلّها إلى الإسلام، وجزاء الطائع إعادة روحه إلى جسده في جنّة ونعيم، لا يخلو من أكل وشرب ونكاح وكلّ ما يشتهي، وجزاء العاصي إعادته في نار لا يفنى عذابها أبدًا.

6. فقال له الخَزَرِيّ: إنَّ مَن يُرام هدايته بأمر الله ويحقّق عنده أنَّ الله يكلّم البشر وهو يستبعد ذلك، ينبغي أن يقرّر عنده أمور مشهورة لا مدفع فيها. وبالحَرَى أن يصدّق عنده أنَّ الله قد كلّم بشريًّا. وإنْ كان كتابكم معجزة، والكتاب عربيّ، فليس يميّز معجزته وغرابته عجميّ مثلي، وإذا تُلي عليَّ لم أفرّق بينه وبين غيره من كلام العربيّ.

7. فقال له العالِمُ: وقد ظهر على يديه معجزات لكن لم تُجعل حُجّة في قبول شريعته.

8. فقالَ الخَزَرِيُّ: نعم، ولا تسكن النفوس إلى أن تقرّ أنَّ الإله متّصل بالبشر إلاّ بمعجزة يَقْلِبُ فيها الأعيان، فنعلم أنَّ ذلك لا يقدر عليه إلاّ مَن اخترع الأشياء مِن لا شيء، وأن يكون ذلك الأمر بين يدي جماهير يرونه عيانًا، ولا يأتيهم برواية وإسناد، وبأن يُدرس ذلك ويمتحن المحنة بعد المحنة، حتّى لا يقع في الظنّ أنَّ هناك تخييلًا أو سحرًا، وبالحَرَى أن تقبل النفوس هذا الأمر العظيم، أعني أنَّ خالق الدنيا والآخرة والملائكة والسماوات والأنوار، يتّصل بهذه الحَمَأة القذرة، أعني الإنسان، ويكلّمه ويقضي رغباته وتحكّماته.

9. فقال العالِمُ: أليس كتابنا مَمليّ من أخبار موسى عليه السلام وبني إسرائيل، لا مدفع في ما فعل بفرعون، وشقّه البحر، وتسليم مَن رضي عنه، وتغريق من سخط عليه، ثُمّ المنّ والسَلوَى طول أربعين عامًا، وتكليمه موسى في الطور، وإيقافه الشمس ليهوشع، ونصرته على الجبّارين، وما كان قبل

ذلك من الطوفان، وهلاك قوم لوط، أليس هذا مشهورًا، ولا ظنّ فيه للتحييل والتخييل.

10. قالَ الخَزَرِيُّ: بلى، كأنّي أراني مضطرًّا إلى مُساءلة اليهود، لأنّهم بقية بني إسرائيل، لأنّي أراهم هم الحجّة في أنَّ لله شريعة في الأرض.

ثمّ استدعى حبرًا من أحبار اليهود وسأله عن اعتقاده.

11. فقال له الحَبْرُ: أنا مؤمن بإله إبراهيم وإسحق وإسرائيل، المخرجُ بني إسرائيل من مِصرَ بالآيات والمعجزات، ومُكتفلهم في التِيه، ومُعطيهم أرض الشام، بعد تجويزهم اليَمّ والأردن بمعجزات، ومُرسل موسى بشريعته ثمّ آلاف أنبياء بعده، مؤكّدين لشريعته بالوعد لمَن تحفّظ بها، والوعيد لمن خالفها، وإيمانُنا لما اندرج في التوراة والخبر طويل.

12. قالَ الخَزَرِيُّ: قد كنتُ عازمًا ألاّ أسأل يهوديًّا، لعلمي بتلاف آثارهم ونقصان آرائهم، إذ المنحسة لم تترك لهم محمدة. فهَلاّ قلتَ، يا يهوديّ، إنّك تؤمن بخالق العالم وناظمه ومدبّره، وبمن خلقك ورزقك وما أشبه هذه الأوصاف التي هي حُجّة كلّ ذي دين ومن أجلها يتبع الحقّ والعدل للتشبّه بالخالق في حكمته وعدله؟

13. قالَ الحَبْرُ: هذا الذي تقول هو الدين القياسيّ السياسيّ يؤدّي إليه النظر، وتنطوي فيه شكوك كثيرة، فسَل الفلاسفة عنه، ولن تجدهم متّفقين على عمل واحد ولا اعتقاد واحد، إذ هي دَعاوى، منها ما يقدرون أن يُبرهنوا عليها، ومنها ما يقنعون فيها، ومنها ما ليس يقنعون فيها، فضلًا عن البرهان.

14. قالَ الخَزَرِيُّ: أرى كلامك، يا يهوديّ، أشبه من فاتحته وقد أريد الزيادة.

15. قالَ الحَبْرُ: بل فاتحة كلامي هو البرهان، بل هو العيان، وغنيّ عن دليل وبرهان.

16. قالَ الخَزَرِيُّ: وكيف ذلك؟

17. قالَ الحَبْرُ: تأذن لي في مُقدّمات أُقدّمها، فإنّي أراك مستحقرًا لكلامي مستقلاً له.

18. قالَ الخَزَرِيُّ: قدّمْ مقدّماتك حتّى أسمع.

19. قالَ الحَبْرُ: لو قيل لك إنَّ صاحب الهند فاضل ينبغي لك تعظيمه والتنويه باسمه ووصف آثاره، بما يتّصل بك من عدل أهل بلاده وفضل أخلاقهم وعدل معاملتهم، هل كان هذا يُلزمك؟

20. قالَ الخَزَرِيُّ: وكيف يُلزمني، والشكّ في أهل الهند هل عدلهم من ذاتهم وليس لهم مَلِك، أو عدلهم من قِبَل مَلِكهم. أم الأمر من الوجهين معًا.

21. قالَ الحَبْرُ: فلو جاءك رسوله بهدايا هندية، لا تشكّ أنّها لا توجد إلاّ في الهند في قُصور الملوك، بكتاب مشهود فيه أنّه من قِبَله، ويقترن به أدوية تداويك من أمراضك، وتحفظ عليك صحّتك، وسموم لأعدائك ومحاربيك، تقابلهم بها فتقتلهم دون أعداد ولا إعداد، هل كنتَ تلتزم طاعته؟

22. قالَ الخَزَرِيُّ: نعم، وكان يزول عنّي الشكّ القديم، هل للهند مَلِك أم لا. وكنت اعتقد أنَّ مُلكه وأمره واصل إليَّ.

23. قالَ الحَبْرُ: وإذا سُئِلت عنه، بماذا تصفه؟

24. قالَ الخَزَرِيُّ: بالصفات التي صحّت عندي عِيانًا، ثمّ أتبعها بالتي كانت مشهورة وتبيّنتْ بهذه الأواخِر.

25. قالَ الحَبْرُ: وبمثل هذا أجبتك إذ سألتني. وبمثل هذا فاتح موسى فرعون، إذ قال له: إلهُ العبرانيّينَ أرسلني إليكَ، يعني

إله إبراهيم وإسحق ويعقوب، إذ كان أمرهم مشهورًا عند الأمم، وأنّه صحبهم أمر إلهيّ، وعُنَي بهم، وقضى لهم العجائب، ولم يقل له: ربّ السماء والأرض، أو، خالقي وخالقك أرسلني. وكذلك فاتح الله خطابه لجمهور بني إسرائيل: أنا الله معبودُك الذي أخرجتُك من بلد مصر. ولم يقل: أنا خالق العالم وخالقكم. فهكذا فاتحتُك، يا أمير الخزر، إذ سألتني عن إيماني، جاوبتُك بما يلزمني ومعشرَ بني إسرائيل، الذين صحّ عندهم ذلك العيان ثمّ التواتُر الذي هو كالعيان.

26. قال الخَزَرِيُّ: فإذًا، شريعتكم إنّما هي وقف عليكم.

27. قالَ الحَبْرُ: نعم، ومن انضاف إلينا من الأمم خاصّةً يَنَلْ من خيرنا ولم يستوِ معنا، ولو كان لزوم الشرع من أجل ما خلقنا، لاستوى فيه الأبيض والأسود، إذ كلّهم خلقته تعالى، لكنَّ الشرع من أجل إخراجه لنا من مصر، واتّصاله بنا لكوننا الصفوة من بني آدم.

28. قالَ الخَزَرِيُّ: أراك، يا يهوديّ، تتلوّن، وقد عاد كلامك غَثًّا بعد أن كان سمينًا.

29. قالَ الحَبْرُ: أغَثّه أسمَنُه، إنْ اتّسعَ لي صدرُك حتّى أتّسع في شرحه.

30. قالَ الخَزَرِيُّ: قُلْ ما شئتَ.

31. قالَ الحَبْرُ: إنَّ بحكم الأمر الطبيعيّ لَزِمَ الاغتذاء والنموّ والتوليد وقواها وجميع شرائطها، واختصّ بذلك النبات والحيوان، من دون الأرض والحجارة والمعادن والعناصر.

32. قالَ الخَزَرِيُّ: هذه جملة تحتاج إلى تفصيل، لكنّها حقّ.

33. قالَ الحَبْرُ: وبالأمر النفسانيّ اختصَّ الحيوان كُلّه، ولزم

منه حركات وإرادات وأخلاق وحواسّ، ظاهرة وباطنة، وغير ذلك.

34. قالَ الخَزَرِيُّ: وهذا، أيضًا، لا مدفع فيه.

35. قالَ الحَبْرُ: وبحكم الأمر العقليّ، اختصّ الناطق من جُملة الحيوان، ولزم منه إصلاح الأخلاق، ثمّ إصلاح المنزل، ثمّ إصلاح المدينة، وكانت السياسات نواميس سياسية.

36. قالَ الخَزَرِيُّ: وهذا حقّ.

37. قالَ الحَبْرُ: فأيّ رتبة تكون فوق هذه.

38. قالَ الخَزَرِيُّ: رتبة العُلماء العُظماء.

39. قالَ الحَبْرُ: لم أُرِد إلاّ رتبة تُفارق صاحبتَها مُفارَقة جوهرية كمفارقة النبات للجماد ومفارقة الإنسان للبهائم. وأمّا المفارقة بالأكثر والأقلّ، فلا نهاية لها إذ هي مفارقة عرضية وليست رتبة على الحقيقة.

40. قالَ الخَزَرِيُّ: فلا رتبة إذًا في المحسوسات بعد الإنسان.

41. قالَ الحَبْرُ: فإنْ نجد إنسانًا يدخل النار فلا تؤذيه، ويُزمن عن الطعام فلا يجوع، ويكون لوجهه نور لا تحتمله الأبصار، ولا يمرض ولا يهرم، حتّى إذا بلغ عمره مات موتًا اختياريًا، كمَن يصعد إلى فراشه لينام في يوم معلوم وساعة معلومة، مُضافًا إلى علم الغيب ممّا كان ويكون، أليس هذه الرتبة مفارقة في الجوهر لرتبة الناس.

42. قالَ الخَزَرِيُّ: بل إنَّ هذه الرتبة هي إلهية مَلَكوتية، إنْ كانت موجودة، وهذا من حكم الأمر الإلهيّ، لا من العقليّ ولا من النفسانيّ ولا من الطبيعيّ.

43. قالَ الحَبْرُ: هذا بعض صفات النبيّ الذي لا مختلف عليه، الذي على يديه ظهر للجمهور اتّصال اللاهوت بهم، وأنَّ لهم ربًّا يدبّرهم كيف شاء وبحسب طاعتهم وعصيانهم أيضًا، وكشَفَ الغيب، وأعلمَ كيف كان حدث العالم وأنساب الناس قبل الطوفان، وكيف انتسبوا إلى آدم، ثمّ الطوفان، ونسب السبعين أمّة إلى سام وحام ويافت أولاد نوح، وكيف تفرّقت اللُغات، وحيث سكنوا، وكيف أنشئت الصنائع وبُنيت المُدن، والتأريخ من آدم إلى هلمّ جرًّا.

44. قالَ الخَزَرِيُّ: وهذا غريب، إنْ كان عندكم تأريخ متحقّق لخلقة العالم.

45. قالَ الحَبْرُ: بل بذلك نؤرّخ، لا اختلاف بين اليهوديَّيْن في ذلك من الخَزَر إلى الحَبَشة.

46. قالَ الخَزَرِيُّ: فكمْ تعدّون اليوم؟

47. قالَ الحَبْرُ: أربعة آلاف وخمس مائة، وتفصيلها مشروح من عمر آدم وشيث وأنوش، إلى نوح، ثم سامّ وعابر، إلى إبراهيم ثمّ إسحاق ويعقوب إلى موسى عليه السلام. وهؤلاء على اتّصالهم لُباب آدم وصَفْوته، ولكلّ واحد منهم أولاد كالقشور، لم يشبهوا الآباء، فلم يتّصل بهم أمر إلهيّ، فضُبط التأريخ بالإلهيّين وكانوا أفرادًا لا جماعات، حتّى أولد يعقوب اثنا عشر سبطًا، كلّهم يصلحون للأمر الإلهيّ، فصارت الإلهية في جماعة، وبهم التأريخ، فنحن نحمل تأريخ مَن تقدّمهم عن موسى عليه السلام، وندري ما من موسى إلى هلمّ.

48. قالَ الخَزَرِيُّ: هذا التفصيل يُبعد الظنّ السوء من الكذب والاصطلاح، إذ مثل هذا لا يتّفق عشرة عليه دون أن يتخاذلوا ويكشفوا سرّ اصطلاحهم، أو يدفعوا قول من يحقّق عندهم مثل هذا، فكيف جماهير عظيمة، والتأريخ قريب، لا يتّسع للكذب والافتراء.

49. قالَ الحَبْرُ: نعم، وإبراهيم بعَيْنه حضر في تفريق اللُغات، وبقي هو وقرابته بلغة عابر جدّه، وبذلك تسمّى عِبرانيًّا. وجاء موسى عليه السلام بعده بأربع ماية عام، والدنيا في أحفل ما كانت من تمكّن العلوم السماوية والأرضية، وورد على فرعون وعُلماء مِصر، وعُلماء بني إسرائيل المُوافقين له والباحثين عليه الذين لم يصدّقوه تصديقًا تمامًا أنَّ الله يخاطب البشر، حتّى أسمعَهم خطابه بالعشر كلمات. هكذا كان قومُه معه، ليس من جهلهم، بل من علمهم مخافة الحِيَل من العلوم السماوية وغير ذلك، ممّا لا يثبت عند التفتيش، كالدلس، والأمر الإلهيّ كالذهَب الإبريز، يزيد في الخُبْر للدينار دينارًا. فكيف يُتخيّل أن يُصوَّر عندهم أنَّ اللُغات قبلهم بخمس ماية سنة كانت لغة عابر وحدها وتفرّقت في بابل في أيام فالج، ونسب أمّة كذى وأمّة كذى إلى سام، وأمّة كذى وكذى إلى حام، وبلادهم كذى وكذى؟ هل يصحّ أن يكون اليوم أحد يصوّر عندنا كذبًا في أنساب مِلَل مشهورة وفي قصصهم ولغاتهم، ويكون خبره من دون خمس ماية عام؟

50. قالَ الخَزَرِيُّ: هذا مُحال، وكيف ونحن نجد العلوم بخطوط واضعيها منذ خمس ماية عام، وخبر من كان اليوم خمس ماية عام، لا يجوز الكذب على مشهوراته، مثل الأنساب واللُغات والخطوط.

51. قالَ الحَبْرُ: فكيف لا يناقض موسى في ما أتى به، وقومُه مطالبوه، فضلًا عن غيرهم.

52. قالَ الخَزَرِيُّ: هذه مقبولات قوية ممكَّنة.

53. قالَ الحَبْرُ: أترى أنَّ اللُغات قديمة لا أوّل لها؟

54. قالَ الخَزَرِيُّ: بل حديثة مصطلَحة عليها. يدلّ على ذلك تأليفها من الأسماء والأفعال والحروف، وهذه من الشُبَهات المأخوذة من مخارج النطق.

55. [قالَ الحَبْرُ: هل رأيتَ مخترع لغة أو سمعت عنه].

56. قالَ الخَزَرِيُّ: لم أرَ ولا سمعتُ، فلا شك أنّها حصلت في عصر من الأعصار، ولم يكن قَبْلُ لغة مصطلَحة عليها من اصطلاح قوم دون قوم على لغة.

57. قالَ الحَبْرُ: أَسَمعتَ عن أمّة تخالف في الأسبوع المعلوم ابتداؤه من الأحد وتمامه في السبت؟ فهل يُمكن أن يتّفق في ذلك أهل الصين مع أهل الجزائر المغربية دون ابتداء واجتماع واصطلاح؟

58. قالَ الخَزَرِيُّ: لا يمكن ذلك إلاّ باصطلاح من الجُملة، وهذا بعيد، أو أن يكون الناس كلّهم بني آدم أو بني نوح أو غيرهما، فيكون الأسبوع منقولًا عندهم عن والدهم.

59. قالَ الحَبْرُ: هذا أردتُ، نعم، وعدد العشرة، اتّفاق الناس عليه في المَشارق والمَغارب، أيّ طبع يقود إلى وُقوف عند العشرة إلاّ لأنّه محمول عن مُبتدئٍ به؟

60. قالَ الخَزَرِيُّ: كيف لا يُخلّ بإيمانك هذا ما يُخبَر عن أهل الهند أنَّ عندهم آثارًا ومَباني يحقّقون أنَّ لها ألف ألف من السنين؟

61. قالَ الحَبْرُ: كان يخلّ بإيماني لو وُجد في اعتقاد مضبوط، أو كتاب أجمع عليه جمهور دون خِلاف بتأريخ، ولن يوجد ذلك. وإنّما هم أمّة سائبة، ولا تحقيق عندهم، فيغايظون أهل الأديان بمثل هذا الكلام، كما يُغايظونهم بأوثانهم وطلاسمهم وحِيَلهم، ويقولون إنّها تنفعهم ويستهزئون بمن يقول إنَّ عنده كتابًا من عند الله، وَوُضع مع هذا كُتُب قليلة ألّفها أفراد من الناس يغترّ بها الضعيف الرأي، كبعض كتب المنجّمين يضعون فيها تَواريخ عشرات آلاف من السنين، مثل كتاب الفلاحة النبطية، يسمَّى فيها ينبوشاد وصغريث ودواني يُزعَم أنّهم كانو ا قبل آدم، وأنَّ ينبوشاد منهم هو معلّم آدم وما أشبهَ

هذا.

62. قالَ الخَزَرِيُّ: هَبْ أنّي حاججتُك بعامّة دهماء وبقوم لا يُجمَع لهم كلمة فأصبتَ الجواب. فما ذا تقول في الفلاسفة، وهم من البحث والتحرير حيث هم، وأجمعوا على الأزلية والقدم للعالم، وليس هذا عشرات آلاف ولا آلاف آلاف إلى ما لا نهاية له؟

63. قالَ الحَبْرُ: إنَّ الفلاسفة لَمَعاذير إذ كانوا قومًا لم يرثوا عِلمًا ولا دينًا، لأنّهم يونانيّون، ويونان من بني يافت ساكني الشمال، والعِلم الموروَث من لدن آدم، وهو العِلم المؤيَّد بتأييد إلهيّ، إنّما هو في ذرّية سام الذي هو صفْوة نوح، لم يزل العِلم ولا يزال في تلك الصفوة من آدم. وإنّما صار العِلم في يونان مذ صارت لهم اليد الغالبة، فانتقل العلم إليهم من فارس، وإلى فارس من الكسدانيّين، ونبغ فيهم الفلاسفة المشهورون في تلك الدولة، لا من قبل ولا من بعد، ومذ صارت الدولة إلى الروم لم يقم فيهم فيلسوف مشهور.

64. قالَ الخَزَرِيُّ: إنَّ هذا يوجب أن لا يُصَدَّق أرسطوطاليس في علمه؟

65. قالَ الحَبْرُ: نعم، إنّه كلّف ذهنه وفكرته لمّا لم يكن عنده خبر مَنْ يَثِقه تقليدًا، فتفكّر في أوائل العالم وأواخره، فصعب على فكره تصوّر الابتداء، كما صعب أيضًا القِدَم، لكن رَجَّحَ قِياساته القائلة بالقدم بمجرَّد فكره، ولم يرَ أن يسأل عن تأريخ من كان قبله، ولا كيف انتسب الناس. ولو كان الفيلسوف في أمّة يرث مقبولات ومشهورات لا مدفع له فيها، لَصرّف قياساته وبُرهانه في تمكينه الحَدَث، على صعوبته، كما مكّن القِدَم الذي هو أصعب للقبول.

66. قالَ الخَزَرِيُّ: وهل في البرهان ترجيح؟

67. قالَ الحَبْرُ: ومَن لنا في المسألة بالبرهان؟ أعوذ بالله أن

قال له الخَزَريّ الفصل الأول

يأتي الشرع بما يدفع عِيانًا أو برهانًا، ولكن يأتي بمعجزات وخرْقِ عاداتٍ باختراعِ أعيان، أو قلبِ عين إلى عين أخرى، ليدّل على مخترِع العالَم وقدرته على فعْل ما شاء متى شاء. ومسألة القدم والحدث غامضة، ودلائل الحجّتَيْن متكافئة، ثمّ يرجّح الحَدَث: النقلُ عن آدم ونوح وموسى عليهم السلام بالنبوة التي هي أصدق من القياس. وبعد أن يلجأ المتشرّع إلى التسليم والإقرار بهيولي قديمة وعوالم كثيرة قبل هذا العالم، ليس في ذلك مَطعن في اعتقاده، إنّ هذا العالَم حادث منذ مُدّة محصَّلة، وأوّل ناسه آدم ونوح.

68. قالَ الخَزَرِيُّ: تَكفيني هذه الحُجَج المُقنعة في الباب. وإن طالت صُحبتي لك، سأكلّفك أن تَعرض عليَّ الحُجَج القاطعة. لكن، عُدْ إلى أدراج حديثك، وكيف تَمكّن في نفوسكم هذا الأمر العظيم أن يكون خالق الأجسام والأرواح والنفوس والعقول والملائكة، الذي ترفّع وتقدّس وتنزّه عن أن تُدركه العقول، فضلًا عن الحواسّ، له اتّصال بهذا الخَلق الحقير الذميم في مادّته، وإنْ كان في صورته عجيبًا، إذ في أقلّ حشرة من عجائب الحكمة ما يَحار فيه الذهن.

69. قالَ الحَبْرُ: قد كفيتني بقولك هذا كثيرًا من جوابك. أَتَنسُبُ هذه الحكمة الموجودة في خلق النملة، مَثلًا، إلى فَلَك أو إلى كوكب أو إلى غير ذلك، حاشا البارئ القادر المقدِّر الذي يُعطي كلّ شيء حقّه دون زيادة ولا نُقصان.

70. قالَ الخَزَرِيُّ: وهذا هو المنسوب إلى فِعل الطبيعة.

71. قالَ الحَبْرُ: وما الطبيعة؟

72. قالَ الخَزَرِيُّ: هي قوّة من القوى، على ما سمعنا في العلوم، ولا ندري ما هي، ولكن العُلماء قد عرّفوها لا محالة.

73. قالَ الحَبْرُ: بل عِلْمهم فيها كعِلْمنا، حدَّها الفيلسوف بأنّها

المبدأ والسبب الذي به يتحرّك ويسكن الشيء الذي هو فيه بالذات لا بالعرض.

74. قالَ الخَزَرِيُّ: كأنّه يقول إنَّ الشيء الذي يتحرّك من ذاته ويسكن من ذاته له سبب ما، به يتحرّك ويسكن، وذلك السبب هو الطبيعة.

75. قالَ الحَبْرُ: هذا الذي يريد، مع تحذّق كثير وتدقيق وتفريق بين ما يفعل بالعرض عمّا يفعل بالطبع، وأشياء تروق السامعين، ولكن حاصل علمهم بالطبيعة هذا.

76. قالَ الخَزَرِيُّ: فما أراهم إلاّ أضلّونا بهذه الأسماء، وجعلونا مُشركين بالله في قولنا الطبيعة حكيمة فاعلة، ورُبّما قلنا خالقة على فَحْوَى كلامهم.

77. قالَ الحَبْرُ: نعم، لكن للعناصر والقمر والشمس والكواكب أفعال بطريق التسخين والتبريد والترطيب والتيبيس وتوابعها من غير أن يُنسَب إليها حكمة بل سُخرة. وأمّا التصوير والتقدير والتبريز وكلّ ما فيه حكمة لغرض، فلا يُنسَب إلاّ للحكيم القادر القاهر. فمن سمّى هذه التي تُصلح المادّة بالتسخين والتبريد طبيعة لم يضرّ إذا نفى عنها الحكمة، كما ينفي عن الرجل والمرأة خلقة الولد إذا اجتمعا. وإنّما هما من أعوان المادّة القابلة لصورة الإنسان، والصورة من عند المصوّر الحكيم، فلا تستبعِدْ ظهور آثار إلهية شريفة في هذا الأدنَى، إذا تهيّأت تلك المواد لقبولها. وهذا هو أصل الإيمان وأصل العصيان.

78. قالَ الخَزَرِيُّ: وكيف يكون أصل الإيمان هو أصل العصيان؟

79. قالَ الحَبْرُ: نعم، إنَّ الأشياء التي تَصلُحُ لقبول ذلك الأثر الإلهيّ ليست في وسْع البشر، ولا يُمكنهم أن يقدّروا كمياتها وكيفياتها، ولو علموا ذواتها فلَنْ يعلموا أَزمِنَتها وأمكِنَتها وقرائنها والتهيّؤ لها. فيُحتاج في ذلك إلى علم إلهيّ تامّ مشروح

غاية الشرح من عند الله. فمن ورد عليه هذا الأمر، وامتثله على حدوده وشروطه بِنيّة خالصة، فهو المؤمن. ومن رام إصلاح أشياء لقبول ذلك الأثر من حِذْق وقِياس وظنون، ممّا يوجَد في كتب المنجّمين واستنزال الروحانيات وعمَل الطلاسم، فهو العاصي، لأنّه يقرّب القرابين ويبخّر البخورات عن قياس وعن ظنّ، فلا يدري حقيقة ما الذي ينبغي، وكم وكيف، وفي أيّ مكان وفي أيّ وقت، ومَن مِن الناس، وكيف ينبغي أن يتناول ذلك، وقرائن كثيرة يطول وصفها. فكان كالجاهل الذي دخل إلى خزانة طبيب مشهور بأنَّ أدويته نافعة، والطبيب قد عُدِمَ، والناس يطلبون تلك الخزانة طلبًا للمنفعة. وذلك الجاهل يفرّق عليهم من تلك الأواني وهو لا يعرف الأدوية، ولا كم يصلح أن يُسقَي من دواء دواء لشخص شخص، فقَتَلَ خلقًا بتلك الأدوية التي كانت تنفعهم.

وإن اتّفق أن ينفع أحدهم بإناء من تلك الأواني، مال الناس إليه وقالوا إنَّ ذلك هو النافع، حتّى إذا خانهم أو رأوا لغيره نفعًا بالعرض مالوا أيضًا إليه. ولم يدروا أنَّ النافع بذاته إنّما كان رأي ذلك الطبيب العالم، الذي كان دبّر تلك الأدوية، ثمّ كان أسقاها على ما ينبغي، وكان يأمر العليلَ أن يستعدّ بما يصلح لدواء دواء من غذاء وشراب ورياضة وسكون ونوم ويقظة وهواء ومرقد وغير ذلك.

فهكذا صار الناس قبل موسى، حاشي القليل، ينخدعون للنواميس النجومية والطبيعية، وينتقلون من ناموس إلى ناموس، ومن إله إلى إله، وربّما تمسّكوا بكثير منها، وينسون مدبّرها ومصرّفها، وجعلوها سبب منافع، وهي بأعيانها سبب مضارّ، بحسب التهيّؤ والاستعداد. وأمّا المنفعة بذاته، فهو الأمر الإلهيّ، والضارّ بذاته هو عدمه.

80. قالَ الخَزَرِيُّ: ارجعْ بنا إلى الغرض وأَعلِمْني كيف نشأ دينكم، ثُمّ كيف فشا وظهر، وكيف تألّفت الكلمة بعد ما اختلفتْ، وفي كم من المدّة تأسّس الدين وانْبنَى حتّى تشيّد وتمّ، لأنَّ مَبادئ المِلَل لا محالة إنّما تكون بأفراد يتضافرون على نصرة الرأي الذي يشاء الله إظهاره، فلا يزالون يكثرون ويُنصَرون بأنفسهم، أو يقوم لهم مَلِك ناصر يقهر الجماهير على ذلك الرأي.

81. قالَ الحَبْرُ: إنّما يقوم وينشأ على هذه الصفة النواميسُ العقلية، التي مبدؤها من الإنسان، وإذا ظهر وصحِبه التوفيق قيل إنّه مؤيَّد من الله مُلهَم وما أشبه هذا. وأمّا الناموس الذي مبدؤه من الله، فإنّما يكون دفعةً، قيل له كُنْ فكان مثل خلقة العالم.

82. قالَ الخَزَرِيُّ: لقد هوّلت علينا يا حَبْر؟

83. قالَ الحَبْرُ: بل الأمر أهْول. كان بنو إسرائيل مستعبدين بمصر ست ماية ألف رجل ممّن كان فوق العشرين عامًا، مسمَّين منتسبين إلى اثني عشر سبطًا، لم يشذّ منهم شاذّ، ولا فرّ إلى بلد آخر، ولا داخَلَهم غريب، منتظرين وعدًا وُعد به أجدادهم، إبراهيم وإسحق ويعقوب عليهم السلام، أن يورثهم بلد الشام. والشام حينئذ بيد سبع أمم في غاية الكثرة والقوّة والإقبال. وبنو إسرائيل في غاية الذلّة والشَقاء مع فرعون يقتل أولادهم كَيْ لا يكثروا.

فأرسل موسى وهرون عليهما السلام على ضعفهما، ووافقا فرعون على قوّته، بالآيات والمُعجزات وخرق العادات، ولم يقدر أن يحتجب عنهما ولا أن يأمر فيهما بسوء، ولا أن يحجب نفسه عن الآفات العشر الحالّة بأهل مصر، في مياههم ثمّ في أرضهم، ثمّ في هوائهم، وفي نباتهم، وفي حيوانهم، وفي أبدانهم، ثمّ في نفوسهم، إذ مات في طرفة عين شطرَ الليل أجلّ من كان في منازلهم وأحبّهم إليهم، كُلّ ولد بكر ولا دار دون ميّت، حاشي دور بني إسرائيل. وكلّ هذه الآفات تنزل بهم بإذن وإنذار ووعد، وترتفع بإذن وإنذار، بحيث يُعتقد أنّها مقصودة من إله مريد، يفعل ما شاء متى شاء، لا طبيعية ولا نجومية ولا اتّفاقية.

فخرج بنو إسرائيل بأمر الله في تلك الليلة، في حين وفاة أولاد مصر، من عبودية فرعون، وصاروا إلى ناحية بحر القُلزُم، وقائدهم عامود غمام، وعامود نار سائر أمامَهم، ومدبّرهم وسائسهم وإمامهم الشيخان الإلهيان موسى وهرون عليهما السلام، كانا حين أتاهما النبوّة ابني ثمانين ونيّف. وإلى الآن ليس عندهم شرائع إلاّ قليلة، موروثة عن أولئك الأفراد

من لدن آدم ونوح، ولم ينسخها موسى ولا فسخها لكن زاد عليها. ثمّ تبعهم فرعون، فلم يلجئوا إلى سلاح، ولا كان القوم ممّن يدري الحرب، فشقّ البحر وجازوه، وغرق فرعون وحشره، وقذف بهم البحر إلى بني إسرائيل أمواتًا حتّى رأوهم عِيانًا، والخبر طويل مشهور.

84. فقالَ الخَزَرِيُّ: هذا هو الأمر الإلهيّ حقًّا، وما اقترن به من الشرع واجب قبوله، إذ لا يداخل القلبَ منه شكّ، من سحر أو حيلة أو تخيّل، لو خُيّل لهم بحر وانشقاقه وجوازهم فيه، يخيَّل لهم نجاتهم من العبودية وموت مستعبديهم وأخذهم لبسهم وبقاء أموالهم بأيديهم؟ هذا تعسّف من المتزندقة.

85. قالَ الحَبْرُ: وبعد هذا إذ حصلوا في التِيه حيث لا زرع، أنزل عليهم طعام مخترَع مخلوق يومًا يومًا، حاشى يوم السبت، أكلوه طول أربعين عامًا.

86. قالَ الخَزَرِيُّ: وهذا أيضًا لا مدفع فيه، ما يدوم أربعين عامًا لست ماية ألف رجل وتوابعهم، ينزل ستة أيام ويرتفع في السبت. فالسبت واجب قبوله إذ صار الأمر الإلهيّ كالملازم له.

87. قالَ الحَبْرُ: السبت مؤكّد من هذا، ومن خلقة العالم في ستة أيام، وما سأذكره، وذلك أنَّ القوم، مع إيمانهم بما يأتي به موسى عليه السلام بعد هذه المُعجزات، بقي في نفوسهم شكّ: كيف يخاطب الله البشر، كي لا يكون مبدأ الشريعة من رأي وفكرة من قِبَل الإنسان، يصحبه إلهام وتأييد من عند الله؟ إذ كانوا يستبعدون الخطابة من غير بشر إذ الخطابة جسمية.

فأراد الله إزاحة هذا الشكّ عندهم، وأمرهم بالتزام بالباطنة والظاهرة، وجعل أَوْكَدَها اعتزال النساء، والتهيّؤ والتأهّب لسمع كلام الله. واستعدّ القوم، وتأهّبوا لدرجة الوَحي، بل لسماع الخطاب جهرًا كلّهم. وكان ذلك بعد ثلاثة أيام بمقدّمات هول عظيم، من بروق ورعود وزلازل ونيران، حفّت بالمسمّى طور سيناء، وبقيت تلك النار طول أربعين يومًا

على الجبل، يراها القوم ويرون موسى داخلًا إليها وخارجًا عنها.

وسمع القوم الخطاب فصيحًا بعشر كلمات، هي أمّهات الشرائع وأصولها، إحداها الأمر بالسبت، وقد كان تقدّم الأمر به مقرونًا بنزول المنّ. فهذه العشر كلمات، لم ينقلها الجمهور عن رجال أفراد، ولا عن نبيّ، لكن عن الله. ولكن، لم تكن لهم قوّة موسى عليه السلام لمشاهدة ذلك الأمر العظيم.

وآمن القوم من ذلك اليوم بأنَّ موسى عليه السلام مخاطَب بكلام مبدؤه من الله، لم يتقدّم لموسى عليه السلام فيه فكرة ولا رأي، كي لا تكون النبوّة، كما تزعم الفلاسفة، من نفس تصفو أفكارُها، وتتّصل بالعقل الفعّال المسمَّى بالروح القُدُس أو بجبرائيل فيُلهَم. وربّما خُيّل إليه، في ذلك الوقت، في النوم أو بين النوم واليقظة، أنَّ شخصًا يكلّمه ويسمع كلامه خيالًا بنفسه لا بأذنيْه، ويراه بوَهمه لا بعينه، فيُقال حينئذ إنَّ الله كلّمهُ.

فانتفتْ هذه الظنون بهذا المشهد العظيم، وما تبع الكلام الإلهيّ من كتاب إلهيّ، إذ رسم هذه العشر كلمات في لوحَين من جوهر رفيع، ودفعهما إلى موسى عليه السلام، ورأوها كتابًا إلهيًّا، كما سمعوها خطابًا إلهيًّا، وعمل لها موسى عليه السلام بأمر الله تعالى تابوتًا، وأقام عليه القُبّة المشهورة، وبقي ذلك بين بني إسرائيل طول دولة النبوّة، نحو تسع ماية سنة، حتّى عصى القوم فاختفى التابوت وظفر بهم بختنصر وأجلاهم.

88. قالَ الخَزَرِيُّ: إنَّ مَن يَسمع كلامكم، أنَّ الله خاطَب جمهوركم، وكتب لكم ألواحًا وغير ذلك، لَمعذور أن ينسب إليكم رأي التجسيم. وأنتم معاذير، أيضًا، إذ لا مدفع في هذه المشاهد العظيمة الجليلة الظاهرة، وتُعذرون في اطّراح القياس والنظر العقليّ.

89. قالَ الحَبْرُ: وأعوذ بالله من المُحال وما ينفيه العقلُ ويضعه مُحالًا. وأوّل العشر كلمات هو الأمر باعتقاد الربوبية. والثاني من الكلمات هو النهي عن اتّخاذ إله دون الله تعالى، وعن

الإشراك به، والنهي عن التشبيه والتمثيل والتخييل، وبالجُملة عن التجسيم. وكيف لا ننزِّهُهُ عن التجسيم، ونحن ننزّه كثيرًا من مخلوقاته عن ذلك، كالنفس الناطقة التي هي الإنسان على الحقيقة. فإنَّ الذي يخاطبنا من موسى ويعقل ويدبّر، ليس ذلك لسانه ولا قلبه ولا دماغه، بل هذه آلات لموسى. وموسى نفس ناطقة مميِّزة، ليستْ جسمًا ولا تتحيّز في مكان، ولا يضيق عنها مكان، ولا تضيق هي عن أن تُحصَّل فيها صُوَر جميع المخلوقات، فنَصِفها بأوصاف مَلَكوتية روحانية، فضلًا عن خالق الكلّ، وإنّما علينا أن لا ندفع ما تواتر من ذلك المشهد. ثمّ نقول لا ندري كيف تجسَّم المعنى حتّى صار كلامًا وقَرعَ آذاننا، ولا ما اختَرعَ له تعالى ممّا لم يكن موجودًا، ولا ما سَخَّرَ له من الموجودات، إذ لا تُعجزه قدرة.

كما نقول إنّه تعالى خلق اللوحين وكتبهما كَتْب نقش، كما خلق السماء والكواكب بمشيئته فقط، شاء الله تعالى فتجسَّم بالمِقدار الذي شاء، وعلى الهيئة التي شاء، وانتقش فيها الخطّ بالعشر كلمات. كما نقول إنّه شقّ البحر وصيّره أسوارًا واقفة عن يمين القوم وعن شمالهم، وأَزِقَّة مرتَّبة واسعة، وأرضًا وطيئة يمشون فيها دون تكلّف ولا تخلّف. وذلك الشقّ والبنيان والإتقان منسوب إليه تعالى، لم يحتجْ فيه إلى آلة وأسباب متوسّطة، كما يحتاج في فعل المخلوقين، فإنَّ الماء وقف لأمره وتشكَّل بمشيئته. هكذا يتشكّل الهواء الواصل إلى أذن النبيّ بأشكال الحروف التي تقتضي المعاني التي يريد الله أن يسمعها النبيّ والجمهور.

90. قالَ الخَزَرِيُّ: هذا توجيه مُقنع.

91. قالَ الحَبْرُ: ولست أجزم أنَّ الأمر على هذه الصفة، ولعلّه على طريق أغمض من أن أتخيّلها، لكن الحاصل من هذا تحقّق مَن شاهدَ المَشاهِد أنَّ الأمر مِن قِبَل الخالق دون واسطة، إذ هي مماثِلة للاختراع الأوّل والخلقة الأولى، فيحصل في النفوس الإيمان بالشرع المقترن بها مع الإيمان بأنَّ العالم حادث، وأنّه هكذا خَلقهُ، كما ترون أنّه اخترع اللوحيْن والمنّ وغير ذلك، وتزول من نفس المؤمن شكوك الفلاسفة والدهرية.

92. قالَ الخَزَرِيُّ: انظرْ يا حَبْر، لا تصحبُكَ هَوادة في وصف محامد قومك وتترك مشهور عصيانهم مع هذه المشاهد، فإنّي سمعت أنَّ في أثناء هذا اتّخذوا عجلًا وعبدوه دون الله.

93. قالَ الحَبْرُ: ذنب شُنِّع عليهم لجلالتهم والجليل مَن عُدّت خطاياه.

94. قالَ الخَزَرِيُّ: وهذا مِن تعصّبكَ، وتعسّفكَ لقومِكَ، وأيّ ذنب أعظم من هذا، وأيّ فضل يبقى بعد هذا؟

95. قالَ الحَبْرُ: أمهِلْني قليلًا حتّى أقرّر عندك شرف القوم، وكَفاني شاهدًا اتّخاذ الله إيّاهم حزبًا وأمّة من بين مِلَل العالم، وحلول الأمر الإلهيّ في جمهورهم حتّى وصل جميعهم إلى حدّ الخطاب، وتخطّي الأمر إلى نسائهم فكان منهنّ نبيّات، بعد أن كان الأمر لا يحلّ إلاّ في أفراد من الناس من لدن آدم. فإنَّ آدم هو الكامل دون استثناء، إذ لا عذر في كمال صناعة من صنّاع حكيم قادر من مادّة اختارها للصورة التي شاءَها، ولم يعقْ عائق من مَزْج مَنِيّ الأب ودم الأمّ، ولا من الأغذية والتدبير في سني التربية والطفولة، وأثر الأهوية والمياه والأَرَضين، إذ إنّما خَلَقَهُ كالمتناهي في الشباب الكامل في خلقه وأخلاقه، فهو الذي قبل النفس على كمالها والعقل على غاية ما يمكن من الفطرة الإنسانية، والقوّة الإلهية بعد العقل، أعني الرتبة التي بها يتّصل بالله وبالروحانيّين، ويعرف الحقائق دون تعليم، بل بأهْوَن فكرة. وقد تَسمّى عندنا بابن الله هو وكلّ من يُشبهه من ذرّيّته أبناء الله.

وأَولد أولادًا كثيرة ولا يصلح منهم ليكون خليفة آدم غير هابيل، لأنّه كان يُشبهه. ولمّا قتله قابيل أخوه، غَيْرةً على هذه الرتبة، عُوّض بشث، الشبيه بآدم، فكان صَفْوته ولبابه، وغيرُه كالقشور والحَشَف. وصفوة شيث أنوش. وكذلك اتّصل الأمر إلى نوح بأفراد كانوا لبابًا، يُشبهون آدم ويتسمّون بأبناء الله، لهم الكمال في الخَلْق والأخلاق وطول الأعمار، وعلوم وقدرة، وبأعمارهم هو التأريخ من آدم إلى نوح، وكذلك من

نوح إلى إبراهيم. وربّما كان فيهم مَنْ لم يتّصل به الأمر الإلهيّ، مثل تارح، لكن كان إبراهيم ابنه "تلميذًا" لجدّه عابر، نعم وأدرك نوح بعينه، وصار الأمر الإلهيّ متّصلًا من الأجداد إلى الحَفَدة. فإبراهيم صفوة عابر وتلميذه وبذلك تسمّى عبرانيًّا. وعابر صفوة سام، وسام صفوة نوح، لأنّه وارث الأقاليم المعتدلة التي وسطها ونُكْتتها الشام أرض النبوّة. وخرج يافت إلى الشمال، وحام إلى الجنوب. وصفوة إبراهيم من جميع بنيه إسحق، وقد أبعد جميع أولاده من هذه الأرض الخاصّة، لتختصّ لإسحق. وصفوة إسحق يعقوب. واندفع أخوه العيس إذ استحقّ يعقوب تلك الأرض.

وأولاد يعقوب كُلّهم صفوة صلح جميعهم للأمر الإلهيّ، فحصل لهم ذلك الموضع الخاصّ بالأمر الإلهي، وهذا ابتداء حلول الأمر الإلهيّ في جماعة، بعد أن كان لا يوجد إلاّ في أفراد. فتَولّى الله حفظهم وإنماءهم وتربِيَتهم بمصر، كما تُربّى الشجرة الطيّبة الأصل حتّى أثمرت ثمرًا كاملًا يُشبه الثمر الأوّل الذي منه غُرست، أعني إبراهيم وإسحق ويعقوب ويوسف وإخوته: فجاءت الثمرة بموسى عليه السلام وهرون ومريم عليهما السلام، وبمثل بِصَلَئِيل وأَهَلِيآب ورؤساء الأسباط، وبمثل السبعين شيخًا الذين صلحوا للنبوّة مستمرًّا، وبمثل يهوشع وكَالِب وحور وغيرهم كثير. وحينئذ استحقّوا ظهور النور عليهم وتلك العناية الربّانية، وإن كان فيهم عُصاة ممقوتون، لكنّهم لا محالة صفوة، بمعنى أنّهم في غريزتهم وطبائعهم من الصفوة، ويولِدون مَنْ يكون صفوة، فيحافَظ على الأب العاصي لِما خالطه من الصفوة التي تظهر في ولده أو في حفيده، كيف ما صفت النطفة كما قلنا في تارح وغيره ممّن لم يتّصل به الأمر الإلهيّ، لكن في غريزته أن ينتج صفوة، ما لم يكن مثل ذلك في غريزة كلّ مَن تناسل من حام ويافت. ونرى مثل هذا في الأمور الطبيعية، فكمْ إنسان لا يشبه أباه بتّةً لكنّه يشبه جدّه. فلا شكّ أنّ تلك الطبيعة، وذلك الشبه، كان في الوالد كامنًا، وإن لم يظهر للحسّ، كما كمنت طبيعة عابر في أولاده حتّى ظهرت في إبراهيم.

96. قالَ الخَزَرِيُّ: هذا هو حقّ الشرف المُنساق من لدن آدم،

وقد كان آدم أشرف المخلوقات في الأرض، فوجب لكم الشرف على كلّ موجود في الأرض. لكن أين هذا الشرف من هذا الخطأ؟

97. قالَ الحَبْرُ: إنَّ الأمم كلّها حينئذ كانت تتّخذ معبودات صورًا، ولو كانوا فلاسفة يبرهنون على الوَحدانية والربوبية، فلا بُدّ لهم من صورة يؤمّونها، ويقولون لعامّتهم وجمهورهم إنَّ هذه الصورة يتّصل بها أمر إلهيّ، وإنّها خاصّة بأمر عجيب غريب. فمنهم مَن ينسب ذلك إلى الله، كما نفعل نحن اليوم في مواضع معظّمة عندنا حتّى نتبارك بترابها وحجارتها. ومنهم من ينسب ذلك إلى روحانية كوكب من الكواكب أو برج أو نسبة طلاسم وغير ذلك.

وكان لا يتألّف جمهور على شرع واحد إلاّ بصورة محسوسة أمّوها. وكان بنو إسرائيل قد وُعدوا بأن يُنزَل إليهم من عند الله أمرٌ يرونه ويؤمّونه، كما أمّوا عمود الغمام والنار حين خروجهم من مصر، ويُشيرون إليه ويعظّمونه ويستقبلونه ويسجدون نحوه لله تعالى. وكذلك كانوا يؤمّون عمود الغمام الذي ينزل على موسى عليه السلام طول مُخاطبة الله له، فيقفون بنو إسرائيل ويسجدون نحوه لله تعالى.

فلمّا سمع القوم خطاب العشر كلمات وصعد موسى عليه السلام إلى الجبل ينتظر اللوحَين ليُنزلها إليهم مكتوبة، ويصنع لها التابوت فيكون لهم قِبْلة مرئية، فيها العهد الإلهيّ والاختراع الربّانيّ، أعني اللوحَين، سوى ما اتّصل بالتابوت من الغمام والأنوار وما ظهر بتوسّطه من المُعجزات. وبقي القوم منتظرين نزول موسى عليه السلام وهم على حالهم لم يغيّروا زيّهم وحالهم وحُلَلهم التي عيّدوا بها يوم الطور، بل بقوا بهيئتهم ينتظرون موسى عليه السلام مع اللحظات، فأبطأ عنهم أربعين يومًا، وهو لم يتزوّد، ولا فارقهم إلاّ على نيّة الانصراف من يومه. غلب سوء ظنّ على بعض ذلك الجمهور العظيم، وبدأت العامّة تفترق فِرَقًا، وتكثر الآراء والظنون، حتّى لجأ قوم منهم إلى أن طلبوا معبودًا يؤمّونه كسائر الأمم، مِن غير أن يجحدوا ربوبية مَن أخرجهم من أرض مِصْر، بل أن يكون ذلك موضوعًا لهم يُشيرون إليه إذا وصفوا عجائب

ربّهم، كما فعل المؤمنون بتابوت موسى عليه السلام، قائلين إنَّ الربَّ هناك. وكما نفعل نحن بالسماء وبكلّ أمر نتحقّق أنَّ حركته إنّما هي بمشيئة الله دون اتّفاق ولا إرادة إنسان ولا طبيعة. فخطأهم كان في التصوير الذي مُنعوا عنه، ثمّ في أن نسبوا أمرًا إلهيًّا لشيء مصنوع بأيديهم، واختيارهم دون أمر الله.

وعذرهم في ذلك ما تقدّم من التشتّت الواقع بينهم. ولم ينته الذين عبدوه نحو ثلاثة آلاف من جملة ستماية ألف. وأمّا عُذر الخاصّة المساعدين في عمله فكان لغرض عسى أن يظهر العاصي من المؤمن ليُقتل العاصي العابد للعجل. وكان في ذلك عليهم نقد، إذ أخرجوا العصيان من القوّة والضمير إلى حدّ الفعل. فلم يكن ذلك الذنب خروجًا عن جُملة طاعة مَن أخرجهم من مِصْر، لكن خالفوا لبعض أَوامره، فإنّه تعالى نهى عن الصُوَر فاتّخذوا صورة، وكان لهم أن يصبروا ولا يضعوا لأنفسهم قدوة وقِبْلة ومذبحًا وقَرابين. وكان ذلك مِن تعقّل مَنْ كان بينهم من المنجّمين والطلسمين، زعموا أنّهم ستقرّب أعمالهم القياسية من أعمال الحقيقة، وكان سبيلهم في ذلك سبيل الجاهل الذي ذكرناه، أنّه تولّى خزانة الطبّ فقتل الناس الذين كانوا ينتفعون بها قبل ذلك. مع أنَّ القوم لم يكن قصدهم الخروج عن الطاعة، بل كانوا مجتهدين بزعمهم في الطاعة، ولذلك قصدوا هرون وقصد هرون كشف سريرتهم، فساعد في عمله، وأدركتْه الملامة لإخراجه عصيانهم من القوّة إلى الفعل.

فهذه القصّة تُهوَّل وتُشنَّع عندنا، لارتفاع المعبودات المصوَّرة من أكثر الملل في زماننا هذا، وتُهوَّن في ذلك الوقت لكون جميع الملل متّخذين صُوَرًا. فلو كان ذنبهم أنّهم اتّخذوا بيتًا ما باختيارهم للعبادة، وجعلوه قِبْلتهم، وقرّبوا فيه وعظّموه، لَما عُظّم الأمر لِما نحن عليه اليوم من اتّخاذنا البيوت باختيارنا وتعظيمنا لها وتبرّكنا بها، وربّما قلنا إنَّ الله يحلّها وملائكته تحفّ بها. ولولا الضرورة لتأليف جماعتنا لكان هذا منكَرًا، كما كان في أيام الدولة ينكر على قوم مجتهدين أن يتّخذوا بيوتًا للعبادة، تُسمَّى "بموت"، وكان فُضَلاء الملوك يهدمونها كي لا يُعظَّم غير البيت الذي يختاره الله، والهيئة التي يأمر بها، ولا يُنكَر فيها الصُوَر التي يأمر هو بها من **الكروبَيْن**.

ومع هذا فقد حلَّ العقاب بالذين عبدوا العجل من يومهم، وقُتلوا، وكان مبلغ عددهم نحو ثلاثة آلاف من جملة ست ماية ألف. ولم يزل المنّ نازلًا لقوتهم، والغمام للتظليل عليهم، وعمود النار لهدايتهم، والنبوّة فاشية متزايدة فيهم، ولا صُرف عنهم شيءٌ فُضّلوا به، غير اللوحَين اللذين كسرهما موسى عليه السلام، ثمّ شَفَع في صرفهما، فصُرفا عليهم، وغُفر لهم ذلك الذنب.

98. قالَ الخَزَرِيُّ: لقد أيّدتَ رأيي فيما اعتقدتُه وما رأيتُ في منامي، أنّه لا يصل الإنسان إلى الأمر الإلهيّ إلاّ بأمر إلهيّ، أعني بأعمال يأمر الله بها، وإلاّ فأكثر الناس مجتهد، حتّى المنجّم والمطلسم وعابد النار وعابد الشمس والثنوية وغيرهم.

99. قالَ الحَبْرُ: نعم، وكذلك هي شرائعنا منصوصة في التوراة من مخاطبة الله لموسى، وممّا كَتَبَ موسى ودَفَعَ إلى ذلك الجمهور العظيم في جمعهم في التِيه. لم يُحتج فيه إلى رِواية إسناد أفرادٍ سورةً سورةً وآيةً آيةً.

فإنَّ صفات القرابين، وكيف تُقرَّب، وفي أيّ موضع، ولأيّ جهة، وكيف تُذبح، وكيف يُصنع بدمها وأعضائها من صناعات مختلفة كُلّها ببيان من عند الله كي لا ينقص منها أقلّ شيء فيفسد الكلّ، كالأكْوان الطبيعية التي تأتلف من نِسَبٍ دقيقة، تدقّ عن الأوهام، التي لو اختلّت نِسَبها أقلّ اختلال لفسد ذلك المتكوّن. فلم يكن ذلك النبات، أو ذلك الحيوان، أو ذلك العضو، مثلًا، إلاّ فاسدًا، أو عادمًا. وكذلك ذكر كيف يعضّى الحيوان المقرَّب، وما يُفعل بعضو عضو، وما للأكل وما للحرق، ومَن يأكل ومن يحرق، ومن يقرّب من طوائف مأمورة بهم لم يتعدَّهم. وكيف تكون صفات المقرّبين كي لا تكون فيهم نقيصة، حتّى هيئاتهم وملابسهم، لا سيّما الهارونيّ الذي أباح له الدخول إلى مكان الأمر الإلهيّ حيث السكينة مع التابوت والتوراة. وما يقترن بذلك من التنظيف والتطهير ورُتَب التطهيرات والتقديسات والصلوات، أمر يطول وصفُه، وإنّما يُحال فيه على قراءة التوراة، وما نقل الأَحبارُ، والكلّ من تكليم الله لموسى.

وكذلك هيئة القُبّة كلّها عُرضت على موسى في الطور، القبّة والخباء والمائدة والمنارة والتابوت، والدار المحيطة بها وأعْمدتها وستورها، وجميع صناعتها، عُرضت عليه روحانية وشَكَّلَها جسمانية على ما رُسم له. وكذلك البيت المعظَّم الذي بناه سليمان ممّا عُرض على داود صورته روحانية. والبيت المؤبَّد المقدَّس الذي وُعدنا به، ممّا عُرض على نبيّ يُسمّى يحزقال (حزقيال) الصورةُ والهيئةُ.

وليس في عبادة الله تفرّض وتعقّل وتحكّم، ولو كان هذا لكانت الفلاسفة قد وصلت بحِكَمهم وعقولهم إلى أضعاف مه وصل إليه بنو إسرائيل.

100. قالَ الخَزَرِيُّ: بمثل هذا تطيب النفس للتشرّع به دون شكّ ولا ارتيابٍ: مجيء نبيّ إلى عبيد مستعبَدين مَماليك، يعدهم بالخروج من العبودية من وقتهم دون توانٍ ومَطْل، على تلك الصفة، وإدخالهم أرض الشام على سبع أمم، كلّ واحدة منها أقوى منهم، ويرسم لكل سبط نصيبه من الأرض قبل وصولهم إليها. وتمّ هذا كلّه في أيسر مدّة، بغرائب من المعجزات، هذا يحقّق عظامة المرسِل وجلالة الرسول وفضل المرسول إليهم خصوصًا. ولو قال: إنّي بُعثتُ لأهدي جميع المعمورة، ثمّ لم يتّصل خبره في نصفها، لكان قدْحًا في رسالته، إذ لم يتمّ قصدُ الله في ذلك، وكان يُعَذِّرُ تمامَه كونُ كتابه عبرانيًّا، ويكلّف السِنْد والهِنْد والخزر فهْمه والعمل به، إلاّ بعد مئين من السنين، إنْ يتّفق لهم الاستحالة إليهم بغلبة أو بمجاورة، لا بمشاهدة النبيّ بعينه أو نبيّ آخر يشهد له ويؤكّد شريعته.

101. قالَ الحَبْرُ: لم يَدْعُ موسى إلى شريعته غير قومه وأهل لسانه، ووعدهم الله تأكيد شرعه مع الأيام بأنبياء، ففعل طول زمان الرضاء وحلول السكينة.

102. قالَ الخَزَرِيُّ: وهلاّ كانت الهداية للكلّ وذلك في الحكمة لائق؟

103. قالَ الحَبْرُ: أَوَليس الأَولى أن يكون الحيوان كُلّه ناطقًا.

إذًا قد نسيتَ ما تقدّم في نسق نسل آدم، واطّراد حلول الأمر الإلهيّ النبويّ في شخصٍ لبابِ الإخوة وصفوة الأب، قابل لذلك النور، وغيره كالقشور لا يقبله، حتّى جاء بنو يعقوب [كُلّهم] صفوةً ولبابًا يفارقون بني آدم بخصوصية إلهية تجعلهم كأنّهم نوع آخر وجوهر آخر ملائكيّ، يطلب كُلّهم درجة النبوّة، فيظفر الكثير منهم بها، ومَنْ لم يظفر منهم بها، قاربها بالأعمال المرضية والتقديس والتطهير ولقاء الأنبياء.

واعلم أنَّ مَنْ يلقى نبيًّا فإنه حين لقائه له وسمعه كلماته الإلهية تحدث له روحانية، ويفارق جنسَه بصفاء النفس وتشوّقها إلى تلك الدرجات، والتزام الخشوع والطهارة. وهذه كانت عندهم الدلالة الظاهرة والآية الباهرة القاهرة في ثواب الآخرة، إذ المطلوب منها إنّما هو أن تصير نفس الإنسان إلهية، تفارق حواسّه، وتشاهد العالَم الأعلى، وتلتذّ برؤية النور المَلكوتيّ، وسَمْع النطق الإلهيّ، فإنَّ تلك النفس تأمن من الموت إذا فُنِيَت آلاتها الجسدية.

فإذا وُجدت شريعة يوصل بعلومها وعملها إلى هذه الدرجة، في الموضع الذي حدّت ومع القرائن التي أمرت بها، فهي لا محالة الشريعة الموثوقة بإبقاء النفوس بعد فناء الأجساد.

104. قالَ الخَزَرِيُّ: إنَّ مواعد غيركم أمتن وأسمن من مواعدكم.

105. قالَ الحَبْرُ: لكنّها كُلّها بعد الموت، وليس في الحياة منها شيء، ولا شيء يدلّ عليها.

106. قالَ الخَزَرِيُّ: نعم، ولا رأيتُ أحدًا من المعتقدين لتلك المواعد يحبّ استعجالها، بل لو أمكنه مَطْلها وتأخيرها ألف أعوام ويبقى في قَيْد الحياة لهذه الشقوة والأنكاد الدنياوية لَاختارها.

107. قالَ الحَبْرُ: فما ظنّك بِمَن يُشاهِد المَشاهد العظيمة المَلَكوتية؟

108. قالَ الخَزَرِيُّ: إنّه لا شكّ يتمنّى أن تتمادى نفسه على مفارقة حواسّه وتبقى ملذَّتُه بذلك النور، وذاك هو الذي يتمنّى الموت.

109. قالَ الحَبْرُ: لكن مواعدنا اتّصالنا بالأمر الإلهيّ، بالنبوّة وما يقربها، واتّصال الأمر الإلهيّ بنا بالعنايات والكرامات والمعجزات. فلذلك لا يتكرّر في التوراة: أنّكم إنْ عملتم هذه الشريعة أُعيدكم بعد الموت إلى جنّات ولذّات. لكنّه يقول: إنّكم تكونون لي خاصّة، وأكون لكم إلهًا مدبّرًا لكم، فيكون منكم مَنْ يدخل حضرتي ويصعد إلى السماء، كالذين كانوا بأنفسهم يتصرّفون بين الملائكة [ويُسَمِّيهم الملائكةُ ابن آدم ليميزوهم من بين الملائكة الذين يقومون بينهم]. ويكون أيضًا ملائكتي يتصرّفون في ما بينكم في الأرض، وترونهم أفرادًا وأجنادًا يحرسونكم ويحاربون دونكم. ويدوم بقاءكم في الأرض التي تُعِين على هذه الدرجة، وهي الأرض المقدَّسة، ويتعلّق خصبها وجدبها وخيرها وشرّها بالأمر الإلهيّ بحسب أعمالكم. فيكون العالَم يجري أمرُه مجرًى طبيعيًّا حاشاكم. بأنّكم ستشاهدون، مع حلول السكينة بينكم، من خصب بلادكم وانتظام أمطاركم لا تتعدىّ أوقاتها المُحتاج إليها، وظفركم بعدوّكم دون إعداد. ما تدرون به أنَّ أمركم ليس يجري على قانون طبيعيّ، لكن إراديّ. كما سَترَوْن، إن خالفتم، من الجدب والقحط والموتان والحيوان المُهلك، والدنيا كلّها في دعة. فتعلمون، أيضًا، أنَّ أمركم يدبّره أمر أرفع من الأمر الطبيعيّ.

وكان ذلك كُلّه. فهذه شريعة مضمونة المواعد لا يُخاف خلافها. ومواعد تلك الشرائع كُلّها يعمّها أصل واحد، وهو رجاء القرب من الربّ وملائكته. فلا يخاف مَنْ وصلَ تلك الرتبة تلافًا. فهذه الشريعة قد عرضت علينا عيانًا.

ومثلنا مثل أصحاب مترافقين متلازمين في مفازة من الأرض، سافرَ واحد منهم إلى الهند، ووافق مِن مَلِك الهند تكريمًا وتعظيمًا لمّا عرف أنّه من أولئك الأصحاب، وكان يعرف آباءهم قديمًا وكانوا أولياءه. فأعطاه ذخائر حملها لأصحابه، وكساه حُلَلًا، وأرسل معه من حاشيته قومًا لم يكن في الظنّ أنّهم سيخرجون من حضرة المَلِك، ولا أن ينزلوا إلى

تلك البادية، وأمَرَه بأوامر وعهود من قبول طاعته. فجاء إلى أصحابه مع أولئك الرُسُل الهنديّين، فرحّب بهم هؤلاء الأصحاب، وجدّوا في خدمتهم وكرامتهم، وبنوْا لهم قصرًا سكّنوهم فيه. وصاروا هؤلاء الأصحاب يتوسّلون للوُصول إلى الهند وإلى رؤية المَلِك بأهْوَن سعْي، بعناية هؤلاء الرُسُل الذين كانوا يهدونهم إلى الطريق الأقصر والأرشد. وعرف جميعهم أنَّ مَنْ شاء الوصول إلى الهند فإنَّ ذلك سهل عليه إذا التزم طاعة المَلِك وكرامة رُسُله الموصلين له إليه، فلم يحتاجوا أن يسألوا لما ذا نتكلّف هذه الطاعة، إذ العلّة ظاهرة عيانًا: ليتّصل بالمَلِك، والاتّصال به هي السعادة.

فالأصحاب هم بنو إسرائيل، والمسافر الأوّل هو موسى، والمسافرون الأُخر سائر الأنبياء، والرُسل الهنديّون السكينة والملائكة، والحُلَل النور المعقول الذي حلّ نفسَه بالنبوّة، والنور المحسوس الذي حلّ وجهه، والذخائر المَرسولة اللوحان بالعشر كلمات.

وتلك النواميس الأُخر لم يروا شيئًا من هذا، لكن قيل لهم: التزموا طاعة مَلِك الهند، كما التزمها أولئك الأصحاب، وستتّصلون بالمَلِك بعد الموت، وإلاّ فسيُبعدكم ويعذّبكم بعد الموت. فمنهم من قال: ما جاءَنا أحدٌ يُخبر أنّه في جنّة مذ مات أو في نار. والأكثر آثروا انتظام حالهم، واجتماع كلمتهم، والتزموا تلك الطاعة وأطمعوا أنفسهم في الباطن إطماعًا ضعيفًا. وأمّا في الظاهر، فإطماعًا قويًّا محقّقًا متفوّقين مستظهرين على عامّتهم بالإيمان. فكيف يتظاهر هؤلاء بدعوى ما يحصل لهم بعد الموت على الذين يحصل لهم ذلك في حياتهم. أليس طبيعة الأنبياء والأولياء أقرب إلى البقاء الأبدي مِنْ طبيعة مَنْ لم يَقرب من هذه الدرجة.

110. قالَ الخَزَرِيُّ: لقد يَبعد عن القياس أن يكون الإنسان تارهًا بطبعه تالفًا جسده ونفسه كالبهائم، حاشى الفلاسفة على رأيهم. ثُمّ يقول أهل الأديان إنّه يصير حيًّا للأبد في نعيم، بكلمة يقولها بفمه، وربّما لم يَدْرِ طولَ عمره غير تلك الكلمة، وربّما لم يفهم معناها، إنَّ كلمة تَنقل من درجة البهائم إلى درجة الملائكة لَعظيم، ومَن لم يقل تلك الكلمة يصير بهيمة أَوَلَوْ كان

قال له الخَزَرِيّ الفصل الأول

فيلسوفًا عالمًا عابدًا طول دهره شوقًا إلى الله تعالى.

111. قالَ الحَبْرُ: نحن لا نسلب أحدًا جزاء فضيلته عند الله خاصّة، من أيّ أمّة كان، لكن نرى الفضل الأتمّ للقوم المقرّبين في حياتهم، فننسب درجاتهم عند الله بعد مماتهم تلك النسبة.

112. قالَ الخَزَرِيُّ: والزمْ هذا المثل في العكس، وانسبْ درجتهم في الآخرة بدرجتهم في الدنيا.

113. قالَ الحَبْرُ: أراكَ تعيّرنا بالذلّة والمسكنة، وبهما يتفاخر أفضل هذه الملل، وهل يستظهرون إلاّ بمن قال: مَن لطم خدّك الأيمن أَعْطِهِ الأيسر، ومن أخذ رداءك أعطه قميصك، ووصل هو وأصحابه وشيعته مئين من السنين من الهوان والضرب والقتل إلى الحدود المشهورة عنهم. وأولئك هم الفخر. وكذلك صاحب شرع الإسلام وصحابته حتّى ظهروا وظفروا. وبأولئك يُفتخر ويُستظهر، لا بأولئك الملوك الذين عظم شأنهم، واتّسع مكانتهم وغلظ حجابهم وهال مركبهم. فنسبتنا من الله أقرب منها لو كان لنا ظهور في الدنيا.

114. قالَ الخَزَرِيُّ: ذلك كذلك لو كان تَواضُعكم اختيارًا، لكنّه اضطرار، وإذا أصبتم الظَّفرة قتَلتم.

115. قالَ الحَبْرُ: أصبت مقتلي يا مَلِك الخزر. نعم، لو كان أكثرُنا كما تقول، يلزم الذُلّ خضوعًا لله ولشريعته، لَما أهملَنا الأمر الإلهيّ هذه المدّة المديدة. لكن أقلّنا على هذا الرأي، وللأكثر أجر لأنّه يحمل الذلّ بين اضطرار واختيار، لأنّه لو شاء لصار صاحبًا وكفيئًا لمَنْ يذلّه بكلمة يقولها دون مؤنة، ومثل هذا لا يضيع عند الحاكم العدل. فلو حملنا هذا الجلاء والبلاء في ذات الله على ما يجب لَكُنّا فخرًا للجيل المنتظر مع المسيح، فكُنّا نقرّب الأجل للفرقان المنتظر.

ونحن لا نساوي مع نفوسنا كلّ من دخل ديننا بكلمة فقط، بل بأعمال فيها شقّ على النفس، من تطهير وتعليم واختتان وأعمال شرعية كثيرة، والأحرى أن يسير سيرتنا.

ومن شرائط الاختتان وأسبابه أن يتذكّر دائمًا أنّها علامة إلهية، شرعها الله في آلة الشهوة الغالبة، لتصير مغلوبة، فلا تُصرَّف إلاّ كما ينبغي، في وضع البزر حيث ينبغي، وفي الوقت الذي ينبغي، على ما ينبغي، عسَى أن يكون بزرًا ناجبًا، يصلح لقبول الأمر الإلهيّ. ومَن لزمَ هذا الطريق فقد حصل له ولنسله جزء صالح من القرب إلى الإله. ومع هذا لا يستوي الدخيل في دين إسرائيل مع الصريح، إذ الصُرحاء خاصّة أهل للنبوّة، وغيرهم غايتُهم الاقتباس منهم، وأن يصيروا أوْلياء عُلماء لا أنبياء.
وأمّا تلك المواعد التي أعجبتْكَ، فقد تقدّم أحبارنا برسم الجنّة وجهنّم، وكالوها طولًا وعرضًا، وصفوا النعيم والعذاب بأكثر استقصاء من وصف الملل القريبة. وإنّما كلّمتُكَ منذ أقبلتُ على ما جاء في نصوص كلام الأنبياء، فإنّه لا يكثر فيها مواعد الآخرة بفصيح، كما كثر في كلام الأحبار. نعم، إنَّ في كلام النبوّة رجوع التراب من جسد الإنسان إلى التراب ورجوع الروح إلى الخالق الذي وهبها. وفي كلام النبوّة إحياء المَوْتَى في المستأنف، وبعثة نبيّ يُسمّى إلياهو، قد بُعث في ما مضى، ورفعه الله كما رفع غيره، وقيل إنّه لم يذُقْ موتًا. وفي التوراة دُعاء من تنبّأ بإذن الله، ودعا لنفسه بأن تكون ميتته سهلة وأن آخرته كآخرة بني إسرائيل. وقد سأل بعض الملوك نبيًّا ميّتًا، فتنبّأ له بكل ما يجري عليه، كما كان يتنبّأ له في حياته. وإنْ كان فعل هذا المَلِك منكرًا في شريعتنا، أعني مساءلة الموتى، فإنّه يدلّ على أنَّ القوم كانوا يعتقدون في أيام الأنبياء أنَّ الأنفس باقية بعد فناء الأجساد، ولذلك يسألون الميّت.

وفاتحة صلاتنا التي لم يخْل من حفظها النساء فضلًا عن الخاصّة: يا ربّي إنَّ الروح التي نفختَها فيَّ مقدّسة، أنتَ خالقها، وأنتَ حافظها، وأنتَ آخذها منيّ، وأنتَ صارفها عليّ في الآخرة، فمهما صحبتْني أحمدكَ وأشكركَ يا ربّ العالَمين، فسبحانَكَ يا مَن يردّ الروح في الأجساد الميّتة.

والجنّة بعينها، الذي يكثّر الناس ذكرها، إنّما أُخذت من التوراة، وهي الرتبة التي أُعدَّت لآدم لو لم يعصِ لبقي فيها مخلَّدًا. وكذلك جهنّم، إنّما هو موضع مشهور قريبًا من بيت المقدس، خندق لا تنطفئ منه النار، توقد فيه العظام النجسة والجيف وساير النجاسات، واللفظة عبرانية مركّبة.

116. قالَ الخَزَرِيُّ: إذًا، فلا جديد بعد شريعتكم غير جزئيات أخبار الجنّة والنار ورُتبتها وتكرير ذلك والإكثار منه؟

117. قالَ الحَبْرُ: نعم. ولا ذاك أيضًا جديد، لأنَّ الأحبار قد أكثروا في ذلك، حتّى إنّك لا تسمع من ذلك شيئًا إلاّ وتجده للأحبار إنْ طلبتَهُ.

الفصل الأول   قال له الخَزَريّ

كتاب
قال له الخَزَرِيّ

Kitab al Khazari

الحاخام يهودا هليفي

Rabbi Yehuda Halevi

الفصل الثاني

1. ثمَّ إنَّ الخَزَرِيَّ كان من أمره ما هو مذكور في تأريخ الخزر من كشفه سرّ منامه لوزيره، والمنام المتكرّر عليه، بأن يطلب العمل المرضيّ عند الله تعالى في جبال ورسان، ومَشْيهما جميعًا، الملك ووزيره، إلى الجبال القفرة على البحر، وكيف صادفا في الليل تلك المغارة، التي كان يَسبِتُ فيها القوم من اليهود في كلّ سبت، وكيف تظاهرا إليهم، ودخلا في دينهم واختَتَنا في تلك المغارة، ورجعا إلى بلدهما مُصرَّيْن بدين اليهود مُستَتِرَيْن في السرّ لاعتقادهما، حتّى تلطّفا في كشف السرّ قليلًا قليلًا لأقوام من خواصّهم، حتّى كثروا وأشهروا ضميرهم، وتقوّوا على بقية الخزر، وأدخلوهم في دين اليهود، واستدعوا العلماء والكُتُب من البلاد وتعلّموا التوراة.وما كان من نجابتهم وظهورهم على أعاديهم واستفتاحهم البلاد، وما انكشف لهم من الكنوز، وما انتهى إليه عسكرهم من الكثرة إلى مئين آلاف، مع حبّهم في الدين وتشوّقهم إلى بيت المقدس حتّى أقاموا هيئة القبّة التي أقامها موسى عليه السلام، وتشريفهم لصُرحاء بني إسرائيل، وتبرّكهم بهم، على ما جاء في تأريخهم.فلمّا درس الملك التوراة وكُتُب الأنبياء، اتّخذ ذلك الحَبْرَ أستاذًا وجعل يسأله سؤالات عبرانية. فأوّل ما سأله عن الأسماء والصفات المنسوبة إلى الله وما يظهر في بعضها من التجسيم، على بُعد ذلك عند العقل، وكذلك تُبعده الشريعة أيضًا

قال له الخَزَرِيّ الفصل الثاني

بفصيح من القول.

2. قالَ الحَبْرُ: أسماء الله تعالى جميعًا، حاشى "الاسم المعظّم"، هي نعوت وصفات إضافية مأخوذة من انفعالات المخلوقات له بأسباب قَضاياه وأقداره. فيُسمَّى "رَحيمًا" عند صلاح حال مَنْ كان يُشفق الناس من سوء حاله، فينسبون إلى الله الرحمة والشفقة، وحقّها عندنا ضعف نفس وخَوَر طبيعة، وليس ذلك في حقّه تعالى، بل إنّه حاكم عدل يقضي بفقر إنسان وغَناء آخر من غير أن يتغيّر هو ذاته، فلا يُشفق للواحد ولا يغضب على الآخر. وقد نرى مثل هذا في حُكّام الناس، ترد عليهم المسائل فيقضون بما تقضيه الشريعة، فيسعد قوم وينحس قوم آخرون. فيصير عندنا باعتبار آثاره مرّة "إلهٌ رَحيمٌ ورؤوفٌ" ومرّة "إلهٌ غيورٌ ومنتقمٌ"، وهو تعالى لا يتغيّر من صفة إلى صفة.وبالجملة، فتنقسم الصفات حاشى "الاسم المعظّم" تبارك إلى ثلثة أقسام، إمّا تأثيرية وإمّا إضافية وإمّا سلبية. فالتأثيرية مأخوذة من الآثار الصادرة عنه بوسائط طبيعية، مثل "مُورِث ومُغْنِ" و"مُذِلّ ومُعِزّ" و"رَحِيم ورؤوف" و"غَيُور ومنتقم" و"جَبَّار وقَهَّار" وأَشباهها.وأمّا الإضافية، فمثل "مَحْمُود ومُبَارَك ومُبَجَّل ومُقَدَّس وعَلِيّ وجَليل"، تؤخذ من تعظيم الناطقين له، وهذه وإن كثرت لا توجب له كثرة، ولا تُخرجه عن الوحدانية.وأمّا السلبية، فمثل "حَيّ ووَاحِد وأَوَّل وآخِر". وُصف بهذه ليُسلَب عنه أضدادها، لا لتُثْبَت له هذه على ما نفهم نحن منها، فإنّا لا نفهم نحن حياة إلاّ بحسّ وحركة، وقد تعالى عنهما. نَصِفُهُ بـ"حيّ" لنسلب صفة الجماد والموات، من أجل الوَهْم الذي يسبق إليه أنَّ ما ليس بحيّ فهو ميّت، وليس يلزم هذا عند العقل. بل قد تَسْلِبُ الزمانَ مثلًا الحياةَ، وليس يلزم أن يكون ميّتًا، إذ ليس من شأنه قبول الحياة والموت. كما لا يلزم من قولك إنَّ الحجرَ ليس هو عالمًا أن تصفه بأنّه جاهل. وكما أنَّ الحجرَ أقلّ من أن يقبل العلم والجهل، كذلك الذات الإلهية أجلّ من أن تقبل الحياة والموت. وكما لا تقبل النور والظلمة. وكان لو سُئلنا هل تلك الذات نيّرة أو ظلمة، لقلنا على مجاز نيّرة، مخافة الوهم أن يقول إنَّ ما ليس بنيّر فهو ظَلِم. وأمّا على الحقيقة، فلنا أن نقول: لا تقبل النور والظلمة إلاّ الأجسام،

والذات الإلهية فليست بجسم، فلا توصف بنور ولا بظلمة، إلاَّ بطريق التشبيه أو لسلب الصفة الناقصة. وكذلك لا تقبل الحياة والموت إلاَّ الأجسام الطبيعية، والذات الإلهية منزَّهة مرفَّعة عنهما. فإنْ قيل حياة ليس كحياتنا فهو غرضنا، إذ لم نفهم نحن قطُّ حياة إلاَّ حياتنا، فكأنّه قال لا ندري ما هو، فقولُنا "إله حيّ" و"إلوهيم [آلهة] حيّة" إنّما هي إضافة مقابلة لصفة معبودات الأمم، التي هي "إلوهيم [آلهة] ميّتة"، لا يصدر عنها فعل. وعلى هذا السبيل قوله "واحد"، لنسلب عنه الكثرة، لا لنثبت له الوحدة المفهومة عندنا. لأنَّ الواحد عندنا ما اتّصلت أجزاؤه وتشابهت، كما تقول عظم واحد وعصبة واحدة وماء واحد وهواء واحد، وتقول في الزمان على طريق التشبيه بالجسم المتّصل يوم واحد وسنة واحدة. والذات الإلهية منزّهة عن الاتّصال والانفصال، فنقول واحد لنسلب الكثرة. وكذلك "أول" لنسلب عنه التأخّر، لا لنثبت له الابتداء. وكذلك "آخِر" لنسلب عنه الفناء، لا لنثبت له الانتهاء. وجميع هذه الصفات ليست لازمة للذات ولا تتكثّر بها.وأمّا الصفات المتعلّقة بـ"الاسم المعظّم" تعالى فهي الاختراعية دون وسائط طبيعية، مثل "خالق وبارئ وصانِع العَجَائِب الجَلِيلَة وَحْدَهُ"، يعني بمجرَّد قضائه وإرادته دون واسطة سبب آخر. ولعلّ هذا أراد بقوله: "وظَهَرْتُ لإبراهيمَ ... بأَنِّي الإلهُ القَهَّارُ"، يعني بطريق القوّة والغلبة. كما قال: "لَمْ يَدَعْ أَحَدًا يَظْلِمُهُمْ بَلْ وَبَّخَ مِنْ أَجْلِهِمْ مُلُوكًا". ولم يخترع لهم معجزة كما اخترع لموسى. فقال: "[وظهرتُ لإبراهيمَ وإسحاقَ ويعقوبَ بأَنِّي الإلَهُ القَهَّارُ] وأمَّا اسمِي يَهْوَه فَلَمْ أُعرَفْ عِنْدَهُم". أراد "باسمي يَهْوَه"، لأنَّ الباء في "بأَنِّي الإلَهُ القَهَّارُ" تنوب عنها.ففعل مع موسى و"بني إسرائيل" ما لم يُبقِ شكًّا في النفوس، أنَّ خالق الدنيا هو خالق تلك الأشياء اختراعًا مقصودًا أوّليًّا، مثل: "ضَرَبَاتُ مِصْرَ وشَقُّ بَحْرِ سُوْفٍ والمَنُّ وعَمُودُ السَّحَابِ" وغير ذلك، ليس لجلالتهم على إبراهيم وإسحق ويعقوب، بل لأنّهم جماعة والشكّ في نفوسهم. و"الآباءُ الأَوَّلون" في غاية من الإيمان ونقاء الصدور، حتّى لو لم يلقوا أبدًا إلاّ الشرّ لَما اختلّ إيمانهم بالله، فلم يحتج معهم إلى هذا.ونسمّيه تعالى "حَكِيمُ القَلْبِ" لأنّه

ذات عقل. وهو العقل وليس العقل صفةً له. وأمّا "شَدِيدِ القُوَّةِ" فمن الصفات التأثيرية.

3. قالَ الخَزَرِيّ: كيف تفعل في الصفات التي هي أجسم من هذه، مثل "مُبصِرٌ وسامعٌ ومتكلِّمٌ وكاتبُ الألواحِ ونازلٌ في طور سيناء والمبتهجُ لأعمالهِ والحزينُ في قلبِهِ"؟

4. قالَ الحَبْرُ: ألم أشبّهه لك بقاض عدل لا انحراف في أخلاقه فيصدر عن قضاياه إظهارُ قوم وإسعادُهم، فيُسمَّى مُحبًّا فيهم فارحًا بهم، ويقضي على آخرين بهدم ديارهم وتعفية آثارهم، فيوصَف بضدّ هذا أنَّه مبغض فيهم غاضب عليهم. وإنَّه لا يخفى عليه شيء ممَّا يُفعَل، ولا ممَّا يُقال، فهو "مُبصِرٌ وسَامِعٌ". وإنَّه تنفعل لإرادته الهواء وسائر الأجسام، فتتشكَّل بأمره، كما تشكَّلت السماوات والأرض، فيُسمَّى "مُتَكَلِّمًا وكَاتِبًا". وكذلك يتشكَّل من الجسم اللطيف الروحانيّ الذي يتسمَّى "رُوحَ القُدْسِ" الصُوَر الروحانية المسمّاة "مجد يهوه". ويتسمَّى مجازًا بـ "يهوه" وينزل إلى "طور سيناء" وسَنُوسِعُه بيانًا إذا تكلَّمنا في العلوم.

5. قالَ الخَزَرِيُّ: هَبْ أنَّك تتخلَّص في جميع الصفات حتَّى لا توجب كثرة، فما الذي يخلِّصك من صفة الإرادة تنسبها إليه تعالى والفيلسوف ينفيها عنه؟

6. قالَ الحَبْرُ: قد قاربنا التخلّص، إنْ لم يعارضنا بأكثر من الإرادة، نقول له: يا أيّها الفيلسوف، ما الأمر الذي صيّر عندك السماوات أبدًا دائرة، والفلك الأعلى حامل الجميع، ولا مكان له، ولا ميل في حركاته، وكُرة الأرض مركوزة واقفة في وسطه دون ميل ولا سند، وصيّر نظام الكلّ على ما هو عليه من الكمية والكيفية والأشكال. ولا بُدَّ لك من الإقرار بذلك الأمر، إذ لا تخلق الأشياءُ أنفسَها ولا بعضُها بعضًا. فذلك الأمر صيَّر الهواء متشكِّلًا في الأسماع بالعشر كلمات، وصيَّر الخطَّ منقوشًا في الألواح. فسمِّه إرادةً أو أمرًا أو كيف شئت.

7. قالَ الخَزَرِيُّ: قد تبيّن سرّ الصفات، واندرج لي فهم معنى "مجد يهوه" و"مَلَكوتية يهوه" و"السكينة"، وأنّها أسماء واقعة على أشياء مرئية عند الأنبياء، كما يقال: "عَمُودُ سَحَابٍ" و"نَارٌ آكِلَةٍ" و"غَمَامَةٌ" و"ضَبابٌ" و"نَارٌ" و"نُورٌ سُطُوعٌ"، وكما يقال عن الضوء في الغدوات والعشوات وفي يوم غيم، إنَّ الضوء شعاع من قِبَلِ الشمس وعلى أنّها محجوبة، ويقال إنَّ النور والشعاع من ذات الشمس، وليس كذلك، لكن الأجسام هي المنفعلة بمقابلتها فتستنير بها.

8. قالَ الحَبْرُ: كذلك "المجد"، شعاع نور إلهيّ ينفع عند قومه في أَرضه.

9. قالَ الخَزَرِيُّ: قولك عند قومه قد تبيّن لي، وأمّا قولك في أَرضه فيشقُّ عليَّ قبولُه.

10. قالَ الحَبْرُ: لا يشقّ قبول اختصاص أرض من جملة الأرضين، وأنت ترى مواضع ينجب فيها نبات دون نبات، ومعادن دون معادن، وحيوان دون حيوان، ويختصّ أهله بصور وأخلاق دون غيرهم بتوسّط المزاج. فإنَّ بحسب المزاج يكون كمال النفس ونقصانها.

11. قالَ الخَزَرِيُّ: لكن لست أسمع عن ساكني الشام فضيلة على سائر الناس.

12. قالَ الحَبْرُ: كذلك جبلكم هذا تقولون إنّه ينجب فيه الكَرْم، لو لم تُغرس فيه الدوالي وتُفلح الفلاحة، الذي ينبغي لها، لم يثمر عنبًا. فالخصوصية الأولى للقوم الذين هم الصفوة واللباب كما ذكرتُ. ثمّ للأرض في ذلك معونة مع الأعمال والشرائع المقترنة بها التي هي كالفلاحة للكرم، لكن لا يصحّ لهذه الخاصّة الاتّصال بأمر إلهيّ في غير هذا الموضع كما يصحّ للكرم النجابة في غير هذا الجبل.

13. قالَ الخَزَرِيُّ: وكيف ذلك وقد نُبّيء من آدم إلى موسى في

غير ذلك الموضع، إبراهيم في أور كسديم، وحزقيال ودانيال في بابل، وإرميا في مصر.

14. قالَ الحَبْرُ: كلّ من نُبّىء إنّما نُبّئ فيها أو من أجلها. فنُبّئ إبراهيم ليمضي إليها. وحزقيال ودانيال من أجلها، وقد كانا حضرا في "البيت الأول"، و"السكينة" التي بحضورها كان يَرْقى إلى النبوّة كلّ من استعدّ لها من الصفوة. وأمّا آدم فهي كانت تُرْبَته، وفيها مات، على ما نُقل إلينا أنَّ في "المغارة" "أربعة أزواج: آدم وحواء، وإبراهيم وسارة، وإسحق ورفقة، ويعقوب وليئة". وهي الأرض المسمّاة "لَدُن يهوه"، المقول عنها: "عينا يهوه إلهك عليها دائمًا".وعليها وقع التغاير والتحاسد بين هابيل وقايين أوّلًا لمّا أرادا أن يعلما مَنْ منهما المقبول ليكون خليفة آدم وصَفْوه ولبابه، فيرث الأرض متّصلًا بالأمر الإلهيّ، ويكون غيره كالقشور. فجرى ما جرى من قتل هابيل وبقي المُلك عقيمًا، وقيل: "فخرج قايين من لدن يهوه"، يعني من تلك الأرض التي كانوا فيها، فكان "تائهًا وهاربًا في الأرض"، وقال هو: "ها قد طردتني اليوم عن وجه الأرض ومن وجهك أختبئ". وكما قيل: "فقامَ يونانُ ليهربَ إلى تَرْشِيشَ من لَدُنِ يهوه"، إنّما هرب من موضع النبوّة فردّه الله إليها من بطن الحوت ونبّأه فيها.ولمّا وُلد شيث متشابهًا لآدم، كما قيل: "ويولد على شبهه كصورته"، صار مكان هابيل، كما قيل: "لأنَّ إلهي [آلهتي] قد وضع لي نسلًا آخر عوضًا عن هابيل، لأنَّ قايين كان قد قتله". واستحقّ أن يتسمّى "ابن إلوهيم [الآلهة]" مثل آدم، واستحقّ تلك الأرض التي هي رتبة دون "جنة عدن".وعليها وقع تحاسد إسحق وإسماعيل، حتّى دُفع إسماعيل قشرًا، وإن قيل فيه: "ها أنا أباركه وأثمره وأكثره كثيرًا جدًّا" بالسعادة الدنيائية. ولكن، قيل بعده: "عهدي أقيمه مع إسحق"، كناية عن اتّصال الأمر الإلهيّ به وسعادة الآخرة، فليس "لإسماعيل عهدٌ ولا للعيس" وإن سعدوا.وعلى هذه الأرض وقع التحاسد بين يعقوب والعيس في "البُكُورة" و"البركة"، حتّى اندفع العيس على قوّته أمامَ يعقوب على ضعفه.وأمّا نبوّة إرميا "في مصر"، فبها ومن أجلها. وكذلك نبوّة موسى وهارون ومريم. وأمّا سيناء وفاران فكلّها من حدود

الشام لأنّها دون "بحر سوف"، كما قال تعالى: "وأجعل تخومك من بحر سوف إلى بحر فلسطين ومن القفر إلى النهر". فالـ"قفر" هو "قفر فاران"، وهو "ذلك القفر العظيم الرهيب" حدّها في الجنوب. و"النهر" هو الفرات حدّها في الشمال. وفيها "المذابح" التي للآباء التي أُجيبوا فيها بالنار السماوية والنور الإلهيّ.وقد كانت "[قصّة] تكبيل إسحق" في جبل قفر، وهو "جبل العبودية". ثمّ كُشف الغيب في أيام داود وهو معمور، بأنّه الموضع الخاصّ المهيّأ للـ"سكينة"، وأَرُونَة اليَبُوسِيّ يفلح ويحرث فيه، كقوله: "فدعا إبراهيم اسم ذلك الموضع: يهوه يِ ِرْأَهْ، حتى أنه يقال: اليوم في جبل يهوه يُرى". وأُفصح في "أخبار الأيام" أنّ "بيت المقدَّس" مبنيّ في "جبل العبودية"، فهناك لا محالة المواضع التي تستحقّ أن تسمّى أبواب السماء.أَلاَ ترى يعقوب كيف لم ينسب الرُؤَى التي رآها إلى صفاء نفسه ولا إلى دينه وحسن يقينه، لكن نسبها إلى المكان، كما قال: "وخافَ وقالَ: ما أرهبَ هذا المكانَ". وقال عنه قبل ذلك: "فاضطجع في ذلك المكان"، يعني الموضع الخاصّ.وأَلاَ ترى كيف نُقل إبراهيم من بلده لمّا نَجُبَ ووُجِبَ اتّصاله بالأمر الإلهيّ، وهو لبّ تلك الصفوة، إلى الموضع الذي فيه يتمّ كماله، كما يجد الفلاّح أصل الشجرة طيّبة الثمر في برّية من الأرض فينقلها إلى أرض مخدومة، من شأنها أن يُنجب فيها مثل ذلك الأصل، فيربّيه هناك، فيصير بستانيًّا بعد أن كان برّيًّا، ويصير كثيرًا بعد أن كان قليلًا، لا يوجد إلاَّ متى اتّفق وحيث اتّفق.هكذا صارت النبوّة في نسله في الشام، كثر أهلها طول بقائهم في الشام، مع القرائن المُعِينَة من الطهارات والعبادات والقرابين، لا سيّما بحضور "السكينة". لأنَّ الأمر الإلهيّ كالمُرتَقِب لمَنْ يستحقّ أن يتّصل به فيصير له إلهًا، كالأنبياء والأولياء. كما أنَّ العقل مُرتَقِب لمِنْ كملت طبائعه واعتدلت نفسه وأخلاقه أن يحلَ فيه على الكمال، كالفلاسفة. كما أنَّ النفس مُرتَقِبة لمِنْ كملت قُواه الطبيعية كمالًا مستعدًّا لفضيلة أزيد، فتحلّ فيه كالحيوان. كما أنَّ الطبيعة مُرتَقِبة للمزاج المتعادل في كيفياته لتحلّه فيصير نباتًا.

15. قالَ الخَزَرِيُّ: هذه جُمَل عِلم تحتاج إلى تفصيل ليس نحن

الآن بسبيله، وسأسألك عنه في موضع العِلم، فَصِلْ كلامك في فضائل "أرض إسرائيل".

16. قالَ الحَبْرُ: إنّها كانت موقوفة لهداية المعمور مقرّرة لأسباط بني إسرائيل منذ تفرّقت الألسن، كقوله: "حينَ قسَّمَ العليّ للأمم". ولم يصحّ لإبراهيم ليتّصل بأمر إلهيّ، وأن يتعاهد ويتعاقد معه، إلاَّ بعد حصوله في هذه الأرض في مشهد "بين الأَنْصاف". فما ظنُّكَ بجملة صفوة استحقّوا اسم "شعب يهوه"، وفي أرض خاصّة تسمّت "ميراث يهوه"، في أوقات مفروضة من عنده تعالى، لا مُصطَلَحٍ عليها، ولا مأخوذة من علوم النجوم ولا غير ذلك، بل ما يتسمّى "مواعيد يهوه"، مع طهارات وعبادات وكلمات وأفعال مقدّرة من عنده، تتسمّى "مَلَكوتية يهوه" و"خدمة يهوه".

17. قالَ الخَزَرِيُّ: بهذا الانتظام ينبغي أن يظهر "مجد يهوه".

18. قالَ الحَبْرُ: أَلَم ترَ كيف التزمت الأرض أسباتًا، كما قال: "سبتُ الأرض"، و"سبَتَتِ الأرض سبتًا ليهوه"، ولا يُباح تبايعها بتاتًا، كقوله: "لأَنَّ لِيَ الأَرضَ"، واعلم أنَّ "مواعيد يهوه" و"سبوتَ يهوه" إنّما تتعلّق بـ"ميراث يهوه".

19. قالَ الخَزَرِيُّ: أليس الأيام مفروضة الابتداء من الصين لأنّها أوّل المشرق للمعمورة.

20. قالَ الحَبْرُ: هل ابتُدِئ السبت إلاَّ "من سيناء"، ومن "ألوش" قَبْلَهُ، حيث نزل المَنّ أوّلًا، وإلاَّ فهل يدخل السبت إلاَّ على من غابت له الشمس بعد "سيناء" على تدريج إلى آخر الغرب، ثمّ إلى ما تحت الأرض، ثمّ إلى الصين الذي هو شرق المعمورة. فيسمَّى السبت للصين بعد "أرض إسرائيل" ثماني عشرة ساعة، إذ الشام كالوسط للمعمورة، فغروب الشمس للشأم هو نصف الليل للصين، ونصف النهار للشأم هو غروب الشمس للصين. وهذا هو سرّ "التثبيتات" التي هي مبنية على ثماني عشرة "ساعة"، كقولهم: "إذا وُلِدَ [القمر] قبل المنتصف

نعلم يقينًا أننا ستراه مع مغيب الشمس". والقصد به الشام موضع الشريعة، وهو الموضع الذي فيه أُنزل "آدم من جنة عدن" في ليلة السبت، ومنه ابتداء التأريخ "مع انتهاء ستة أيام التكوين"، وابتدأ آدم يسمّي الأيام. فكُلَّ ما عمرت الأرض واتّصل بنو آدم كان عَدُّهُم للأيام على ما أصَّلَه آدم.ولذلك، لم يختلف الناس في السبعة الأيام الجُمعية. فلا تعارضني بهؤلاء الذين ابتدأوها من وسط نهار آخر المعمورة في الغرب، وهو مغيب الشمس لـ "أرض إسرائيل"، وفيه خُلق النور الأوّل ثمّ الشمس، لأنّه كان نورًا وغاب لحينه وصار ليلًا للمعمورة، واتّصل النظام بتقدّم الليل على النهار، كقوله: "وكان مساءٌ وكان صباحٌ". وكذلك وردت الشريعة من "المساء إلى المساء".ولا تعارضني بهؤلاء المحدثين الراصدين سُرّاق العلم. ولم يقصدوا السرقة، لكنّهم وجدوا علومًا مشكوكة مذ طَمْس عين النبوّة، فتحكّموا وتعقّلوا ووضعوا أوضاعًا بحسب ما أعطاهم قياسهم. ومن جملة ذلك أن جعلوا الصين مبتدأ للأيام ضدًّا للشريعة، لكن ليس بضدّ تامّ، إذ يتّفقون مع أهل الشريعة في مبتدأ النهار أنّه من الصين. وإنّما الخلاف بيننا وبينهم في تقديمنا الليل قبل النهار. فيجب أن تكون الثماني عشرة ساعة أصلًا في تسمية اليوم الجُمعيّ، لأنّ الشام، الذي هو موضع ابتداء لتسمية الأيام، بينه وبين الشمس، في وقت ابتداء التسمية، ستّ ساعات. فلا يزال يستمرّ اسم السبت، مثلًا على أوّل اليوم الذي ابتدأت الشمس الدوران من آخر الغرب، ورَآها آدم غاربة وهو في الشام وسمّى أوّل السبت، حتّى وصلت إلى سمت رأسه بعد ثماني عشرة ساعة وصار غربًا لأوّل الصين، وسُمّي هناك أيضًا أوّل السبت، وكان آخر حدود التسمية، لأنّ ما بعده إنّما يتسمّى بأنّه شرق لمكان المُبتدأِ للأيام، ولا بُدّ من موضع مشترك يكون آخر غربه وأوّل شرقه وهو لـ"أرض إسرائيل" أوّل المعمورة. وليس هذا بحكم الشريعة فقط، لكن بحكم الطبيعة أيضًا.فإنّه لا يمكن أن تكون الأيام الجُمعية مسمّاة تسمية واحدة بعينها للمعمورة كلّها إلاّ بأن نفرض موضعًا يكون مبدأ للتسمية، وموضعًا مقاربًا، لا أن يكون بعضه شرقًا لبعض، بل بعضه شرقًا محضًا وبعضه غربًا محضًا. وإلاّ فلا يتمّ للأيام تسمية محصّلة، إذ كلّ موضع من دائرة وسط الأرض

مَشارق ومَغارب معًا، فتصير الصين شرقًا للشأم وغربًا لأسفل الأرض، وأسفل الأرض شرقًا للصين وغربًا للغرب، والغرب شرقًا لأسفل الأرض وغربًا للشأم. فلا شرق ولا غرب ولا ابتداء ولا انتهاء ولا أسماء محصّلة للأيام.فالنظام المذكور أعطى أسماء محصّلة للأيام من أرض الشام، لكن للتسمية عَرْض على كلّ حال، إذ لا يمكن تحصيل الآفاق نقطةً نقطةً من الأرض، فإنَّ في يروشلم بعينها مشارق ومغارب كثيرة، وإنّ مشرق "صهيون" مثلًا غير مشرق "بيت المقدس"، ودوائر آفاقها مختلفة بالحقيقة التي لا تدركها الحواسّ، فضلًا عن دمشق من يروشلم، فلا بدّ من القول بأنَّ سبت دمشق قبل سبت يروشلم وسبت يروشلم قبل سبت مصر، فلا بُدّ من الإقرار بالعَرْض.فالعَرْض الذي تختلف فيه الأقطار في تسمية يوم بعينه هي ثماني عشرة ساعة لا أكثر ولا أقلّ، يسمّي أهل هذا القطر سبتًا، وقد خرج أهل قطر آخر عن السبت، القطر بعد القطر حتّى تتمّ ثماني عشرة ساعة من الوقت الذي ابتدأت فيه تسمية السبت، حين تصير الشمس على سمت الشام، وتكفّ التسمية عن ذلك اليوم وليس يبقى أحد ممّن يسمّي ذلك اليوم، لكن يُبتدأ بتسمية اليوم الذي يليه، فلهذا قيل: "إذا وُلِدَ [القمر] قبل المنتصف نعلم يقينًا أننا سنراه مع مغيب الشمس"، كأنّه قال: "إذا وُلِدَ [القمر] قبل منتصف يوم السبت في يروشلم نعلم يقينًا أننا سنراه يوم السبت مع مغيب الشمس". وذاك أنّ اسم "يوم السبت" استمرّ الثماني عشرة ساعة بعد انفصال تسمية موضع الابتداء، حتّى عادت الشمس إلى سمت الشام بعد يوم وليلة. ووجب ظهور الهلال لمَن كان في أوّل الصين في عشيّة يوم السبت، واتّفق مع قولهم: "ضرورة أن يكون [في ولادة القمر] ليلة ونهار للقمر الجديد". وقد ارتفع اسم السبت عن المعمورة وابتدأ اسم الأحد، وعلى أنَّ الشام قد خرجت عن اسم السبت وصارت في وسط يوم الأحد، فإنّما الغرض الاسم الجُمعيّ الشائع في المعمورة، ليقال لمن في الصين ولمن في الغرب في أيّ يوم عيّدتم "رأس السنة"، فيقولون السبت مثلًا، وعلى أنَّ أحدهما قد كان خرج عن العيد إذ كان في العيد الآخَرُ، بإضافة مواضعها إلى الشام.وأمّا بتسمية الأيام الجُمعية فقد عيَّدا في يوم واحد بعينه. فقد تعلّق علم "سبوت يهوه"

و"مواعيد يهوه" بالأرض، التي هي "ميراث يهوه"، إلى ما قد قرأتَه، من تسميتها "جبل قُدسِهِ" و"موطئ قدميهِ" و"باب السَّمَاءِ" "لأنه من صهيون تخرج التوراة". وما كان من حرص الآباء على سُكْناهم فيها وهي بأيدي "عبدة آلهة غريبة"، وشوقهم إليها وحمل عظامهم إليها، مثل يعقوب ويوسف. ورغبة موسى في رؤيتها ومُنع من ذلك، فكان حرْمانًا، ثمّ عُرضت عليه من "رأس التلّ" فكان امتنانًا. وما كان من رغبة الأمم من فارس والهند ويونان وغيرهم أن يقرَّب عنهم ويُدعَى لهم في ذلك البيت المعظَّم، وما بذلوا من أموالهم على ذلك المكان، وإنْ اعتقدوا نواميس أُخر، لمّا لم يقبلهم الناموس الحقّ، وما لها اليوم من التعظيم على عدم السكينة الظاهرة عنها. وأنَّ جميع القبائل يحجّ إليها ويحرص عليها حاشانا لتعذيرنا وتعذيبنا، وما ذكر الأحبار من فضلها ممّا يطول.

21. قالَ الخَزَرِيُّ: اسمعني من ذلك ما حضرك من نُكَتها.

22. قالَ الحَبْرُ: من ذلك قولهم: "يصعد الجميع إلى أرض إسرائيل ولا يخرج جميعهم منها". وحكمهم على المرأة إذا أبت عن المسير مع زوجها "إلى أرض إسرائيل لا تحصل على عقد الزواج". وبعكس ذلك، إذا أبى الرجل المسير مع الامْرَأة "إلى أرض إسرائيل يمنحها عقد الزواج". وقولهم: "يقيم الشخص في أرض إسرائيل، وإنْ كان في مدينة أكثر سكّانها من الأقوام، ولا يقيم خارج البلاد، وإنْ كان في مدينة أكثر سكّانها من بني إسرائيل. وذلك لأنَّ كلّ مَنْ يقيم في أرض إسرائيل كالذي عنده إله، وكل من يقيم خارج البلاد كأنّ لا إله له. كذلك يقول في داود: إنهم طردوني اليوم من أن ألتحق بميراث يهوه وبهذا يجعلونني أعبد إلوهيم [آلهة] أخرى. ويعني ذلك أنّ كلّ من يقيم خارج البلاد كالذي يعبد إلوهيم [آلهة] غريبة".وقد جعلوا لمصر فضيلة على سائر البلاد وحكموا على سائر البلاد "[اعتمادًا على قياس] من باب أولى"، وقالوا: "ومن مِصر الداخلة في العهد، ممنوع، فكيف على بقية البلاد الأخرى". ومن قولهم: "كلّ مَنْ يُدفن في أرض إسرائيل

كالمدفون تحت قدمي المذبح". ويحمدون من مات فيها أكثر ممّن حُمل إليها ميّتًا، لقولهم: "لا [يستوي] إيطانه وهو حيّ مع إيطانه وهو ميّت". بل قالوا في مَنْ كان يُمكنه سُكْناها ولا يَسكنها ثمّ أَمَرَ أن يُحمَل إليها بعد موته: "بحياتكم جعلتم ميراثي رجسًا، وبمماتكم تأتون وتنجّسون أرضي". وبلغ من حرج "الحبر" حنانيا إذ سُئِلَ هل يجوز لفلان أن يمضي "إلى خارج البلاد ويتزوّج من" زوجة أخيه أن قال: "أخوه تزوّج من غير يهودية وحمدًا للمكان الذي قتله، هو يرد على أثرهِ".ومن تحريمهم بيع عقار للغريب، وتحريمهم بيع نِقْضِ الدار وتركها خرابة. وما يتعلّق من قولهم: "يُمنع العمل بأحكام الجزاءات إلاّ في أرض إسرائيل". وألاّ يخرج العبد إلى خارج البلاد، وغير ذلك كثير. وقولهم: "هواء أرض إسرائيل يُحْكِمُ". ومِن تحبيبهم الأرض قالوا: "كلّ مَنْ يخطو أربع أذرع في أرض إسرائيل تُضمنُ له الحياةُ الآخرة". قال "الحبر" زيرا للمين المعترض عليه اقتحامه جواز الوادي في غير مخاضة، حرصًا على الجواز "لأرض إسرائيل، المكان الذي لم يَفُز موسى وهارون به، فكيف يمكن فوزي [أنا] به؟".

23. قالَ الخَزَرِيُّ: إنّك إذن مقصّر في حقّ شريعتك، إذ لا تؤمّ هذا المكان وتجعله دار حياتك ومماتك، وأنت تقول: "ارحم صهيون لأنها بيت حياتنا"، وتعتقد أنّ "السكينة" راجعة إليها، ولو لم يكن لها من الفضيلة إلاّ بقاء "السكينة" بها طول تسع ماية عامًا، لكان للنفوس سكون إليها وخلوص فيها، كما يعرضنا في مواضع الصالحين والأنبياء، فكيف وهي "باب السماء". وقد اتّفقت الأمم على ذلك. فعند النصارى أنَّ النفوس إليها تُحشر ومنها يُعرج بها إلى السماء. وعند الإسلام أنّها موضع المعراج، ومن هناك عُرِج بالأنبياء إلى السماء، وهو موضع الحشر يوم القيامة، وهي للجميع قِبْلة وحجّ. وإنّ سجودك وركوعك نحوها إمّا رياء وإمّا عبادة دون فكرة. وقد كان آباؤكم الأوّلون يختارونها مسكنًا على مواضع منشئهم، ويختارون الغربة فيها أكثر من أهلية في مكانهم. هذا وكانت حينئذ لا تسكنها سكينة ظاهرة، بل هي مملوءة من الدناءات والدنس وعبادات الأوثان، وهم لا أمل لهم غير لزومها، ولا

قال له الخَزَرِيّ الفصل الثاني

يخرجون منها في أوقات الغلاء والجوع إلاّ بإذن من عند الله تعالى، ثمّ يرغبون في حمل عظامهم إليها.

24. قالَ الحَبْرُ: لقد وبّختني يا ملك الخزر. وهذا الذنب هو الذي منع من تمام وعد الله في "البيت الثاني"، في قوله: "تَرَنَّمِي وافرَحِي يا بِنْتَ صِهْيَوْنَ". فقد كان الأمر الإلهيّ مستعدًا ليرُدّها كأوّل مرّة لو أجابوا كُلّهم للانصراف وتطيب نفوسهم، وإنّما استجاب بعضهم وبقي أكثرهم وأشرفهم في بابل، راضين بالذمّة والعبودية، ولا يفارقون مساكنهم وأحوالهم. ولعلّ فيهم لَغَزَ سليمان قوله: "أنا نائمة وقلبي مستيقظ" كنَى بالنوم عن "الجلوت"، وبنباهة القلب عن بقاء النبوّة بينهم، "وَحَى حبيبي قارعًا"، دعوة الله لهم للرجوع، "لأنَّ رأسي امتلأ من الطلّ"، كناية عن "السكينة" الخارجة عن ظلّ "المقدّس". وقال: "خلعتُ معطفي" كناية عن كسلهم عن الإجابة للرجوع. وقال: "حبيبي مَدَّ يَدَهُ من الكوَّةِ"، الحاح عزرا ونحميا والأنبياء عليهم السلام، حتّى أجاب بعضهم إجابة غير موفاة، فأُعطوا بقَدْر نيّتهم، فجاءت الأمور مقصَّرة بتقصيرهم.فإنَّ الأمر الإلهيّ إنّما يتمكّن من المرء بقدر استعداده له، إنْ كان قليلًا فقليل وإن كان كثيرًا فكثير. فلو استعددنا للقاء ربّ آبائنا بالنيّة الخالصة لساعدَنا منه ما ساعد الآباء بمصر. فما نُطْقُنا: "واسجدوا لجبل قُدسِهِ"، و"اسجدوا عند موطئ قدميه"، و"مُعيد سَكِينَته إلى صِهْيُونَ وغير ذلك، إلاّ كنطق الزرزور والببغاء، لا نحصّل ما نقول في هذا ولا في غيره، كما قلتَ يا أمير الخزر.

25. قالَ الخَزَرِيُّ: كفاني هذا من هذا الغرض، وأريد أن تقرّب لي ما قرأتُه في القرابين، ممّا يشقّ على العقول قبوله، كقوله: "قرباني، طعامي إلى ناري، رائحة سروري، [تحرصون أن تقرّبوه لي في وقته] "، يقول عن القرابين إنّها قرابين الله وطعامه وشمامه.

26. قالَ الحَبْرُ: إنّ قوله: "إلى ناري" يسهّل كلّ صعب. يقول إنَّ ذلك القربان والـ"طعام" و"رائحة السرور" المنسوبة لي،

إنّما هي "إلى ناري"، يعني النار المنفعلة عن أمره تعالى، التي طعامها القرابين، ثمّ يأكل "الأئمَّة الهارونيّين" بقية نصيبها. وأمّا الغرض فحُسن النظام. ويحلّهُ المَلِك حلول تشريف لا حلول تمكّن. وضَعْ مثال الأمر الإلهيّ النفس الناطقة، الحالّة في بدن طبيعيّ بهيميّ، لمّا اعتدلتْ طبائعه وانتظمت قُواه الرئيسة والمرؤوسة انتظامًا مستعدًّا لحال أشرف من حال البهائم، استحقّ حلول المَلِك العقليّ عنده ليهديه ويُرشده ويصحبه مهما بقي ذلك النظام. فإذا فسد النظام، فارقه. فيُخيَّل للجاهل، أنّ العقل محتاج إلى المآكل والمشارب والأرياح، لِما يراه باقيًا ببقائها مفارقًا بمفارقتها، وليس كذلك. لكن الأمر الإلهيّ جواد يريد الخير بالكلّ، فمتى انتظم شيء واستعدّ لقبول تدبيره لم يمنعه ولا توقَّفَ عن الإفاضة عليه نورًا وحكمة وإلهامًا. ومتى انخرم نظامه، لم يقبل ذلك النور، فكان فساده. ويتنزّه الأمر الإلهيّ عن أن يُدركه كلال أو اختلال.فجميع ما هو في "نظام العبادات"، من الخدمة والقرابين والتباخير والأغاني والمآكل والمشارب على غاية من التطهير والتقديس، يقال فيه: "خدمةُ يهوه" و"خُبزُ إلهِكَ" وغير ذلك، إنّما هي كناية عن رضائه، عن حسن النظام في الأمّة والأئمّة، وقبوله ضيافتهم، مَثَلًا، وحلوله عندهم تشريفًا لهم. وهو المقدَّس المنزَّه عن الالتذاذ بطعامهم وشرابهم، وإنّما طعامهم لأنفسهم، كما أنَّ هضم المعدة والكبد إذا صلح، ثمّ صلح صَفْوه في القلب، وصفو الصفو في الروح، صلح القلب والروح والدماغ بذلك الغذاء، وصلحت أيضًا آلات الهضم وسائر الأعضاء بالأرواح السائرة إليها من الشريانات والعَصَب والعروق الساكنة. وبالجملة، صلح المزاج بأسره وكان مستعدًّا لقبول تدبير النفس الناطقة، التي هي جوهر مفارق يقارب جوهر الملائكة المقول عنهم: "الآلهة الذين ليست سكناهم مع البشر"، فيحّل البدنَ حلولَ رئَاسة وسياسة لا حلول مكان. وهو ليس يأكل من ذلك الغذاء شيئًا لأنّه منزَّه عنه.فالأمر الإلهيّ لا يحلّ إلاّ نفسًا قابلة للعقل، والنفس لا ترتبط إلاّ برُوح حارّ غريزيّ. والرُّوح الغريزيّ لا بُدّ له من ينبوع به يرتبط ارتباط اللهيب برأس الفتيل، ومثال الفتيل هو القلب، والقلب محتاج إلى مادّة دم، والدم لا يتكوّن إلاّ بآلات الهضم، فاحتاج إلى المعدة والكبد

وخوادمها. وكذلك احتاج القلب إلى الرئة والحلق والأنف والحجاب والعضل المحرّك لعضل الصدر لخدمة التنفّس، لتعديل مزاج القلب بالهواء الداخل والدخان الخارج، واحتاج لنفي فضلات الغذاء إلى آلات من قوى دافعة وآلات البراز والبَوْل، فكان الجسد من جميع ما ذكرنا. واحتاج إلى ما ينقل الجسد من مكان إلى مكان لطلب ما يحتاج إليه وللنفور ممّا يضرّه، وإلى آلات تجلب إليه، وتدفع عنه، فاحتاج إلى اليدين والقدمين. واحتاج إلى مشاورين مميّزين مُنذِرين بما يُخاف ويرجَى، محصّلين لِما كان، مدوّنين مذكّرين بالسالف ليُحذَر عن مثله في المستأنَف أو ليُرجى. فاحتاج إلى الحواسّ الظاهرة والباطنة. وكان الرأس محلّها بتأييد القلب وإمداده. فصار البدن كُلّه منتظمًا نظامًا واحدًا، راجعًا إلى تدبير القلب الذي هو المحلّ الأوّل للنفس، وإنْ حلّت الدماغَ فحلولًا ثانيًا بتوسّط القلب.وهكذا انتظمت الملّة الحيّة الإلهية، كقول يهوشع: "بهذا تعلمون أنّ ربًّا حيًّا في وسطكم". انفعلت النار لإرادة الله عند رضائه عن الملّة، فكانت علامة القبول لضيافتهم وهديّتهم. لأنّ النار ألطف وأشرف ما تحت فلك القمر من الأجسام، فكان محلّها دَسم شحوم القرابين وقتارها ودخان البخورات والأدهان، على معهود النار أنّها لا تعلق إلاّ بالدسم والدُهْن، كالحرارة الغريزية التي تَعلق باللطيف الدَسِم من الدم. فأمر تعالى: "في مذبح قربان الصعيدة ومحرقة البخور" و"الشمعِدان"، ثمّ "قرابين الصعيدة" و"بخورًا عطرًا وزيت المصباح ودُهنَ المسحِ". أمّا "مذبح قربان الصعيدة"، فلتتّصل به النار الظاهرة المشهورة. و"مذبح الذهب"، فلنار هي أخفى وألطف. وأمّا "الشمعدان"، فليتّصل بها نور الحكمة والإلهام. و"المائدة"، ليتّصل به الخصب والخيرات الجسدية، كما قال "الفقهاء": "من يسعى إلى الحكمة فليتجه جنوبًا، من يرغب بالغنى فليتجه شمالًا". وكلّ هذا كرامة "لتابوت العهد" و"الكروبَيْن" التي هي بمنزلة القلب والرئة مرفرفة عليه.واحتيج لهذه آلات وخوادم، مثل "مرحضة وقاعدتها، وملاقط ومجامر، وأطباق وملاعق ومنافض، وقدور ومناشل" وغير ذلك. واحتيج إلى ما يصونها: "القبّة والخيمة وغطاءه"، وصيانة للكلّ: "ساحة القبّة" وآلاته، حتّى احتيج حملة لهذه

الجُملة، فاختار الله لذلك بني لاوي، لأنّهم المقرَّبون لا سيّما من وقت العجل، إذ قيل: "فاجتمع إليه جميع بني لاوي"، فاختار لأشرفهم وهو العازار أشرف الأشياء وألطفها، كما قيل: "ووكالة العازار بن هارون الإمام هي زيت المصباح والبخور العطر والتقدمة الدائمة ودهن المسحة"، هذه التي تعلّق بها النار اللطيفة. ونور الحكمة والإلهام، نعم، ونور النبوّة بالأوريم وبالتُّميم.ولأشرف طوائف الّلاويّين "في السبط، وهم بني قهات"، حَمْل الأعضاء الباطنة: "تابوت العهد والطاولة والشمعدان والمحارق والأدوات المقدّسة التي يخدمون بها"، وفيهم قيل: "على أكتافهم يحملون العمل المقدّس". كما ليس للأعضاء الباطنة عظام تعين في حملها، بل القوى الأرواح تحملها مع تعلّقها بما يلاصقها.ولمن دونهم، بني جرشون، حَمْل الأعضاء اللّيّنة الخارجة، مثل "شقق القبّة وخيمة الاجتماع وغطاءَها وجلدَ الغُرَيْر الذي عليها من فوق".ولمن دونهم، بني مرري، حَمْل الأعضاء الصلبة: "أوانيها وألواحها وعوارضها وأعمدتها وقواعدها". وأُعينت الطبقتان في حَمْلها بالعَجَل، بحسب حملها "عَجَلَتان لبني جرشون ... وأربعة من العَجَلات ... لمرري حسب خدمتهم".وكلّ ذلك بترتيب ونظام حِكْميّ إلهيّ. ولستُ أجزم ولا أقطع، وعياذًا بالله، أنَّ الغرض من هذه الخدمة هذا النظام الذي أقوله، بل ما هو أخفى وأعلى، وإنّها شريعة من عند الله، ومَنْ قَبِلها قبولًا تامًّا دون أن يتعقّل فيها ولا يتحكّم، فهو أفضل ممّن تعقّل وبحث. لكن من زهق عن تلك الدرجة العالية إلى البحث، فالأشبه أن يوجّه فيها وجه الحكمة، من أن يتركها لظنون سوء وشكوك مؤدّية إلى الهلكة.

27. قالَ الخَزَرِيُّ: لقد أغربتَ يا حبر في تشبيهك، إلاّ أنَّ الرأس وحواسّه لم أسمع لها تشبيهًا ولا "لدهن المسحةِ".

28. قالَ الحَبْرُ: نعم، إنَّ أصل العلم مُودَع في "تابوت العهد"، الذي هو بمنزلة القلب، وهي العشر كلمات، وفروعها وهي التوراة إلى جانبه، كما قال: "[خذوا كتاب التوراة هذا] وضعوه بجانب تابوت عهد يهوه إلهكم". فمن هناك ينفرع العلمان، علم الشريعة وحملتها "الأئمَّة الهارونيّون"، وعلم

الوحي وحملته "الأنبياء"، وهم كانوا بمنزلة المشاورين المميّزين المنذرين للأمّة المدوّنين المؤرّخين فهم رأس الأمّة.

29. قالَ الخَزَرِيُّ: فأنتم اليوم جسد بلا رأس وبلا قلب.

30. قالَ الحَبْرُ: بل إنّا كما قلتَ نعم، ولا جَسد لكن أعضاء مفرَّقة بمنزلة "العظام اليابسة" التي رآها حزقيال. ولكن يا ملك الخزر، هذه العظام التي بقي لها طبع من طبائع الحيوان، وقد كانت آلات لقلب ورأس وروح ونفس وعقل، خير من أجساد مصوَّرة من الرخام والجصّ برؤوس وأعيُن وآذان وجميع الآلات ولم يلحقها قطّ روح حياة ولا يمكن أن يحلّ بها وإنّما هي تشبيه وتصوير كالإنسان وليست بإنسان.

31. قالَ الخَزَرِيُّ: هو كما تقول.

32. قالَ الحَبْرُ: إنَّ الملل الأموات التي رامت أن تتشبّه بالملّة الحيّة لم تقدر على أكثر من التشبيه الظاهر. أقامت بيوتًا لله فلم يظهر لله فيها أثر. تزهّدت وتنسّكت ليظهر عليها الوحي فلم يظهر. ففسقت وعصت وطغت، فلم ينزل بها نار سماوية، ولا وباء فجأة، ليحقَّق أنّه عقاب من الله على ذلك العصيان. أُصيب قلبهم، أعني ذلك البيت الذي يستقبلونه فلم تتغيّر حالهم. وإنّما تتغيّر حالهم بحسب كثرتهم وقلّتهم وقوّتهم وضعفهم واختلافهم وائتلافهم على طريق الطبيعة والاتّفاق. ونحن متى أُصيب قلبنا، الذي هو بيت المقدس، فقد تلفنا، الذي إذا جُبر فقد جُبرنا، كُنّا في قلّة أو في كثرة وعلى أيّ حال اتّفق، لأنّ مؤلّفنا الإله الحيّ، وهو مالكنا وماسكنا في هذه الحال على ما نحن عليه من التفرّق والتشتّت.

33. قالَ الخَزَرِيُّ: نعم، لا يتوهّم مثل هذا التفرّق على أمّة إلاّ وتستحيل إلى أمّة أخرى لا سيّما مع طول هذه المدّة. وكم أمّة تلفت كانت بعدكم ولم يبق لها ذكر: "أدوم وموآب وعمون وأرام وفلشت وكسديم ومدي وفارس واليونان"، والبرهامة والصَّابِئَة وغيرهم كثير.

34. قالَ الحَبْرُ: ولا تظنّ مساعدتي لك في القول إقرارًا منّي بأنّا بمنزلة الأموات، بل لنا اتّصال بذلك الأمر الإلهيّ بالشرائع التي جعلها صلةً بيننا وبينه، كالختانة المقول فيها: "ويكون عهدي في لحمكم عهدًا أبديًّا"، والسبت المقول فيه: "لأنه علاقة بيني وبينكم في أجيالكم"، حاشى "عهد الآباء الأوائل" و"عهد التوراة"، التي ألزمها مرّة في حورب، وثانية في "صحراء" موآب، مع الوعد والوعيد المقرونَيْن بها في "قصّة إذا ولدتم أولادًا... إلخ"، وما اندرج فيها من قوله تعالى: "إنْ يكن قد بدَّدكَ إلى أقصاء السماوات...إلخ"، "لأنه إله رحيم هو إلهك يهوه... إلخ"، ومثل "قصّة ومتى أتت عليك... إلخ"، و"رجعت إلى يهوه إلهك... إلخ"، و"نشيد أنصتي" وغير ذلك.فلسنا بمنزلة الميّت، لكنّا بمنزلة المريض المَدْخول الذي يَئِسَ الأطبّاء من برئه ويطمع في ذلك من طريق المعجزات وخرق العادات، كقوله: "أتحيا هذه العظام". وكالمثل المضروب في "قصّة هُوذا عبدي يَعقِلُ"، من قوله: "لا صورة له ولا جمال"، و"كمُستَّرٍ الوجوه منه"، يعني أنّه من سماجة الظاهر وقبح المنظر بمنزلة الأشياء القذرة التي يستقذر الإنسان النظر إليها فيستر وجهه عنها: "محتَقرٌ ومخذولٌ من النَّاس، رجلُ أوجاعٍ وَمُختَبِرُ الأَمراضِ".

35. قالَ الخَزَرِيُّ: وكيف يكون هذا مثلًا لـ"بني إسرائيل" وهو يقول: "لكنَّ أمراضَنَا حَمَلَها"، و"بنو إسرائيل" إنّما حلّ بهم ما حلّ بسبب ذنوبهم؟

36. قالَ الحَبْرُ: إنَّ "بني إسرائيل" في الأمم بمنزلة القلب في الأعضاء أكثرها أمراضًا وأكثرها صحّة.

37. قالَ الخَزَرِيُّ: زِدْني بيانًا.

38. قالَ الحَبْرُ: القلب فيه أمراض متّصلة، تتداوله من هموم وغموم وحذر وحقد وعداوات وحُبّ وبغض ومَخاوف، ومزاجه مع الأحيان في تقلّب وتغيّر من نَفَس زائد أو ناقص، فضلًا عن غذاء رديء أو مشروب رديء والحركات

والرياضات والنوم واليقظة، كلّها تؤثّر فيه وغيره من الأعضاء في الرفاهية.

39. قالَ الخَزَرِيُّ: قد تبيّن كيف هو أكثر الأعضاء مرضًا، فكيف هو أكثرها صحّة؟

40. قالَ الحَبْرُ: أيُمكن أن يتمكّن منه خلط، يحدث فيه فلغموني وسرطان وثؤلولة وقرحة وخدر واسترخاء، كما يتمكّن في سائر الأعضاء؟

41. قالَ الخَزَرِيُّ: لا يمكن ذلك، لأنّ بأيسر من هذا يكون الموت، ولأنّ القلب بذكاء حسّه لصُفوّ دمه وكثرة روحه يشعر بأدنى سبب مؤذٍ فيدفع عن نفسه مهما بقي له رفق للدفع، وغيره لا يشعر شعوره فيتمكّن فيه الخلط حتّى تتمكّن منه هذه الأمراض.

42. قالَ الحَبْرُ: فشعوره وحسّه هو جالب كثرة الأمراض إليه، وهو السبب في اندفاعها عنه في أوّل حلولها قبل أن تتمكّن.

43. قالَ الخَزَرِيُّ: نعم.

44. قالَ الحَبْرُ: والأمر الإلهيّ منّا بمنزلة النفس من القلب، ولذلك قال: "إياكم فقط عرفتُ من جميع قبائل الأرض، لذلك أُعاقبكم على جميع ذنوبكم". هذه الأمراض. وأمّا الصحّة، فكقول العلماء: "غافر ذنوب شعبه يمحوها أوّلًا بأوّل". لأنّه لا يترك علينا ذنوبًا كثيرة متركّبة فتسبّب هلاكنا بالإبْتات، كما فعل بالأموريّ إذ قال: "لأنَّ ذنب الأموريّين ليس إلى الآن كاملًا". وتركه حتّى تمكّن مرض ذنوبه فقتله. فكما أنَّ القلب من عنصره وجوهره صافٍ معتدل المزاج تتّصل به النفس الناطقة، كذلك "بنو إسرائيل"، من جهة عنصرهم وجوهرهم. وكما يلحق القلبَ من سائر الأعضاء أمراض من شهوة الكبد والمعدة والأنثيين من سوء مزاجها، كذلك نال "بنو إسرائيل" الأمراض من تشبّههم بالأمم، كما قيل: "ويختلطوا بالأمم

ويتعلّموا أعمالهم". فلا يُستبعد أن يُقال في مثل هذا "حقًّا هو حمل أَمراضَنَا وأَوجاعَنَا تَحَمَّلَهَا". فصرنا متكلّفين والعالم فيه دعة وراحة، والبلايا الحالّة بنا سبب لصلاح ديننا وخلوص الخالص منّا، وخروج الزَيْف عنّا. فبخلوصنا وبصلاحنا يتّصل الأمر الإلهيّ بالدنيا. كما علمت أنَّ العناصر انساقت ليكون منها المعادن ثُمَّ النبات ثمّ الحيوان ثمّ الإنسان ثمّ صفوة آدم، فالكلّ مُنْساق من أجل تلك الصفوة ليتّصل بها الأمر الإلهيّ. وتلك الصفوة من أجل صفوة الصفوة كالأنبياء والأولياء. وبذلك اطّرد قول القائل: "ضَعْ يا يَهْوَه إلهنا رَهبَتَكَ في جميع أعمَالِك"، ثم "امنَحْ شعبَكَ المجدَ"، ثم "يَرَى الصَّالحون ويَبتَهِجُون" لأنهم صفوة الصفوة.

45. قالَ الخَزَرِيُّ: لقد نبّهتَ وشبّهتَ، ولقد أحسنتَ في التنبيه والتشبيه. لكن كان ينبغي أن نرى منكم العُبّاد والزُّهاد أكثر منهم في غيركم.

46. قالَ الحَبْرُ: لقد يعزّ عليّ نسيانُك ما وَطَّأتُه عندك من الأصول وأقررتَ أنت بها. أَلَمْ نتّفق أنّه لا يُتقرّب إلى الله إلاّ بأعمال مأمور بها من عند الله؟ أتظنّ التقرّب إنّما هو الخشوع والتذلّل وما جرى مجراهما؟

47. قالَ الخَزَرِيُّ: نَعَمْ مع العدل، هكذا أظنّ، قرأتُه في كتبكم كما قيل: "ما الذي يطلبُهُ مِنكَ يَهْوَه إلهُكَ إلاّ أنْ تتَّقي [يهوه إلهك لتسلك في كل طرقه، وتحبّه، وتعبد يهوه إلهك من كل قلبك ومن كل نفسك، وتحفظ وصايا يهوه وفرائضه التي أنا موصيك بها اليوم لخيرك] "، "ماذا طلبَ منك يَهْوَه [إلاّ أن تصنع الحقّ وتُحبَّ الرَّحمة وتسلك متواضعًا مع إلهك] " وغير ذلك كثير.

48. قالَ الحَبْرُ: هذه وأمثالها هي النواميس العقلية، وهي التوطئة والمقدّمة للشريعة الإلهية، متقدّمة لها بالطبع وبالزمان، لا بدّ منها في سياسة أيّ جماعة كانت من الناس. حتّى جماعة اللصوص لا بُدّ فيها من التزام العدل فيما بينهم،

وإلاّ لا تدوم صُحبتهم. ولمّا بلغ عصيان "بني إسرائيل" إلى حدّ تسهّلوا بالشرائع العقلية والسياسية، التي لا بُدّ منها لكلّ جماعة، كما لا بدّ لكلّ فراد من الأمور الطبيعية من أكل وشرب وحركة وسكون ونوم ويقظة، وتمسّكوا مع هذا بالعبادات من القرابين وغير ذلك من الشرائع الإلهية السمعية، قُنِعَ منهم بالدون، وقيل لهم: يا ليت لو حافظتم على الشرائع التي يلتزمها أقلّ الجماعات وأدْونها من لزوم العدل والخير والإقرار بفضل الله. لأنَّ الشريعة الإلهية لا تتمّ إلاّ بعد كمال الشريعة السياسية والعقلية. وفي الشريعة العقلية لزوم العدل والإقرار بفضل الله، فمن فاته هذا كيف له بالقرابين والسبت والخِتانة وغير ذلك، ممّا لم يوجبه العقل ولا ينفيه، وهي الشرائع التي بها خُصّوا "بنو إسرائيل" زيادة على العقليات، وبها حصل لهم فضل الأمر الإلهيّ. فلم يدروا كيف وجبت هذه الشرائع، كما لم يدروا كيف اتّفق أن ينزل "مجد يهوه" بينهم و"نارُ يهوه تأكل" قرابينهم، وكيف سمعوا خطاب الربّ، وكيف جرى لهم كلّ ما جرى ممّا لا تحتمله العقول لولا العيان والمشاهدة التي لا مدفع فيها. فلمثل هذا قيل لهم: "ماذا طلبَ منك يَهْوَه" و"ضُمّوا قرابين الصعيدة إلى ذَبائِحِكم" وغير ذلك ممّا أشبهه. أيُمكن أن يقتصر الإسرائيلي على "أن يَصْنَعَ الحَقَّ ويُحِبَّ الرَّحْمَةَ"، ويَختَصِرَ "الختان" والسبت وسائر الشرائع فيُفْلح؟

49. قالَ الخَزَرِيُّ: لا بحسب ما قدّمتَه، وإنّما يصير على رأي الفلاسفة رجلًا فاضلًا ولا يبالي بأيّ وجه تقرّب بالتهوّد أو بالتنصّر أو غير ذلك أو بما يخترعه لنفسه. وقد رجعنا إلى التعقّل والقياس والتحكّم، ويصير جميع الناس مجتهدين موجودين على التشرّع بما أدّى إليه قياسهم وهذا محال.

50. قالَ الحَبْرُ: فالشريعة الإلهية لا تتعبّدنا بالتزهّد، لكن بالاعتدال، وإعطاء كلّ قوّة من قوى النفس والبدن نصيبَها بالعدل، دون إسراف، لأنّ الإسراف في قوّة واحدة تقصير عن أخرى. فمن مال مع قوة الشهوة قصّر عن قوّة الفكر، وبالعكس، ومَن مالَ مع الغلبة قصّرَ عن غيرها. فليس طول الصيام عبادة لمن كان خامل الشهوات ساقِطَها ضعيف البدن،

قال له الخَزَرِيّ الفصل الثاني

بل التنعّم هُنا نقض وحذر. ولا التقلّل من المال عبادة، إذا اتّفق حلالًا هيّنًا لا يشغله اكتسابه عن العلم والعمل، لا سيّما لمن كان ذا عيّل وبنين وآمال في نفقات ترضي الله. بل التكثّر أولى به.وبالجملة، فشريعتنا مقسّمة بين "الخشية" و"المحبة" و"الفرحة"، تتقرّب إلى ربّك بكلّ واحدة منها، فليس خشوعك في أيام "الصيام" بأقرب من الله من فرحك في "سبوت وأيام طيّبة"، إذا كان فرحك عن فكرة ونيّة. فكما أنّ "التحنّنات" محتاجة إلى فكرة ونيّة، كذلك الفرح بأمره وشريعته يحتاج إلى فكرة ونيّة، لتفرح بنفس الشريعة محبّة في مُشَرِّعِها وترى ما فضّلك به، وكأنّك في ضيافته مدعوّ إلى مائدته ونِعَمِه، تشكر على ذلك إضمارًا وإظهارًا. وإنْ تخطّى بك الطرب إلى حدّ الغناء والرقص فرحًا منك بالشريعة خاصّة، كان ذلك الغناء والرقص عبادة وصِلَة بينك وبين الأمر الإلهيّ.وهذه الأمور أيضًا لم تتركها شريعتنا مهملة بل مضبوطة، إذ ليس في وسع البشر تقسيط مصالح قوى الأنفس والأبدان، وتقرير ما يصلح لنا من الراحة والرياضة، وتقدير ما تُغلّ الأرض حتّى تُعطَّل في "إجمامٍ" و"يوبيل" ويُعطى منها "العُشر" وغير ذلك. ففرضَ عُطلة السبت وعُطلة الأعياد وعُطلة الأرض، والكلّ "للتذكير بالخروج من مصر وبحدث التكوين". لأنَّ الأمرين متقارنان لأنّهما انقضيا بمجرَّد الإرادة الإلهية لا باتّفاق ولا بطبيعة، وكما قال تعالى: "فاسأل عن الأيام الأولى... إلخ، هل سمعَ شعبٌ وَحَى إلوهيم... إلخ، أو هل أقدمَ إلهٌ غيري... إلخ".فصار التحفّظ بالسبت هو بعينه الإقرار بالربوبية. لكن كأنّه إقرار بنطق عمليّ، لأنّ مَنْ اعتقد السبت مِن أنَّ فيه كان الفراغ من "حدث التكوين"، فقد أقرّ بالحدث بلا شكّ، وإن أقرّ بالحدث أقرّ بالمُحدِث الصانع تعالى. ومن لم يعتقده، وقع في شكوك القِدَم، ولم يصفُ اعتقاده لخالق العالم تعالى. فالتحفّظ بفرائض السبت أقرب إلى الله من التعبّد والتزهّد والانقطاع.فانظر كيف صار الأمر الإلهيّ المرتبط بإبراهيم ثمّ بجمهور صفوته وبالأرض المقدّسة، يساوق الأمّة درجة درجة، ويحافظ على النسل حتّى لا يشذّ منهم شاذّ، ويضعهم في أحفظ مكان وأطيبه وأخصبه وينمّيهم ذلك النموّ المعجزيّ، حتّى ينقلهم ويغرسهم في التربة المشاكلة للصفوة، فتسمّى

بـ"إله إبراهيم" و "إله الأرض"، كما تسمّى "الجالس على الكروبيم" و"المُقيم في صهيون" و"الساكن في يروشلم"، تشبيهًا لهذه المواضع بالسموات، كما قيل: "يا ساكنًا في السموات"، ولظهور نوره في هذه كظهور نوره في السماء، لكن بواسطة قوم يستحقّون قبول ذلك النور، فهو يفيضه عليهم ويتسمّى ذلك منه "محبّة". وهي التي رُسمت لنا وفُرضت علينا أن نعتقدها ونسبّح ونشكر عليها في "محبةٌ أبديةٌ مَحَبَّتُنا"، لنتصوّر الابتداء منه لا منّا، كما نقول في خلقة الحيوان، مثلًا، إنّه لم يخلق نفسه، لكن الله صوَّرَهُ وأتقَنَهُ، إذ رأى مادّة تصلح لتلك الصورة. كذلك كان هو تعالى المبادر المبتدئ لإخراجنا من مصر لنكون له عسكرًا ويكون لنا ملكًا، كما قال: "أنا يهوه إلهُكُمُ الذي أُخرِجُكُم من أرضِ مصرَ ليَكونَ لكم إلهًا". بل قد قال أيضًا: "أنتَ [عبدي] إسرائيلُ، الذي به أُفاخرُ".

51. قالَ الخَزَرِيُّ: لقد تجاوز القول ههنا تجاوزًا عظيمًا، وتسامحت الخطابة تسامحًا كثيرًا، أن يكون الخالق يفتخر ببشر.

52. قالَ الحَبْرُ: هل كنت تستسهل ذلك في خلقه الشمس؟

53. قالَ الخَزَرِيُّ: نعم، لعظيم آثارها، لأنّها بعد الله السبب في الكون، وبها ومن أجلها ينتظم الليل والنهار وفصول السنة، وتتكوّن المعادن والنبات والحيوان. وبنورها الباهر يكون الإبصار والألوان المُبصَرة، فكيف لا يكون خَلقها فخرًا لخالِقِها عند الناطقين!

54. قالَ الحَبْرُ: أوليس نور البصائر ألطف وأشرف من نور الأبصار، أوَلَمْ يكن أهل الأرض في عَمىً وطغيان قبل بني إسرائيل، حاشي الأفراد الذين ذكرناهم: فقوم يقولون إنَّ لا خالق بل لا جُزء من العالم أحقّ بأن يكون مخلوقًا من أن يكون خالقًا، فالكّل قديم. وقوم يقولون إنَّ الفلك هو القديم وخالق الكلّ فيعبدونه. وقوم يدّعون بأنَّ النار هي ذات النور والأفعال القوية العجيبة، وهي التي ينبغي أن تُعبد، وأنَّ النفس نار. وقوم

يعبدون غير ذلك من شمس وقمر وكواكب وصور حيوانات يتعلّقون بصور الفلك. وقوم يعبدون ملوكهم أو علماءهم، وكُلّهم يُصْفِقُ أنه لا يظهر في العالم أثر وفعل خارج عن العادة والطبيعة، حتّى المتفلسفون الذين لطف نظرهم وصفا رأيهم وأقرّوا بسبب أوّل لا يشبه الأشياء وليس كمثله، أحالوا بقياسهم أن يكون له أثر في العالم، لا سيّما في الجزئيات، التي ينزّهونه ويرفعونه عن أن يدريها، فضلًا عن أن يحدث فيها حدثًا.[كذا كانت الاعتقادات والعبادات] حتّى صفت تلك الجملة التي استحقّت حلول النور عليها وقضاء المعجزات لها وخرق العادات، وظهر عيانًا أنّ للدنيا مالكًا وحافظًا وضابطًا، يعلم ما دقّ وما جلّ، ويجازي على الخير والشرّ، فصارت هداية للقلوب. وكلّ من جاء بعدها لم يقدر أن يشذّ عن أصولها، حتّى صارت اليوم المعمورة كلّها مقرّة بالقِدَم لله والحَدَث للعالم، وبرهانهم على ذلك بنو إسرائيل وما قضي لهم وما انقضى عليهم.

55. قالَ الخَزَرِيُّ: إنّ هذا لفخر عظيم ومن البيان لسِحْر وبحقّ قيل: "ليصنع لنفسه اسمًا أبديًّا"، و"عَمِلتَ لنفسكَ اسمًا كهذا اليوم"، "في الثناء والاسم والبهاء".

56. قالَ الحَبْرُ: ألم ترَ كيف وطّأ داود في مدح التوراة إذ قَدَّمَ وصف الشمس في "السماوات تُحدِّث بمجد الربّ". فوصفَ عموم نورها وصفاء جِرْمِها وقوام طريقها وجمال مناظرها، وأتبع ذلك بقوله: "توراة يهوه تامّة" ومه يتبعه، كأنّه يقول: لا تعجبوا من هذه الأوصاف لأنّ التوراة أظهر وأبهر وأشهر وأرفع وأنفع.ولولا بنو إسرائيل لم تكن التوراة، نعم، ولم يُفَضَّلوا من أجل موسى، بل إنّما فُضّل موسى من أجلهم، لأنّ "المحبة" إنّما كانت في الجمهور "ذرية إبراهيم واسحق ويعقوب"، واختيارُ موسى لتوصيل الخير إليهم على يديه. فنحن لا نتسمّى بأمّة موسى بل أمّة الله، كما قيل: "شعب يهوه" و"شعب إله إبراهيم".فليس دليل الأمر الإلهيّ تدقيق الألفاظ ورفع الحواجب وإخفاء سواد العين والتكثير بالتحنين والتضرّع والحركات والأقوال التي ليس وراءها أفعال، لكن

النيّات الخالصة التي دليلها أفعال، من شأنها أن تشقّ على الإنسان، لكن يفعلها بغاية الحرص والمحبّة، كالقصد إلى الموضع الخاصّ من أيّ موضع كان، والحجّ ثلاث مرّات في السنة، وما يتبع ذلك من الشقاء والنفقات، وهو يمتثله بغاية الفرح والابتهاج، وكإخراج "عشر أول وعشر ثانٍ وعشر للفقير" و"الرؤية"، وترك غلاّت في "إجمام الأرض" والوبيلات"، ونفقات السبوت والأعياد وعُطلتها، وإعطاء "البواكير" و"الباكرات"، "وعطايا للأئمَّة الهارونيّين وأوائل الجزاز وأوائل عجينكم"، حاشى "النذور والصدقات"، وحاشى كلّ ما يلزمه على كلّ "سوء نِيَّة" وكلّ "سهوة"، و"قرابين السلامة" وما يلزمه من "القرابين" على الأعراض التي تطرأ عليه من النجاسات، وعلى كلّ ولادة تكون عنده وكلّ "سيلان" وكلّ "بَرص" وغير ذلك كثير.كلّ ذلك بأمر الله تعالى لا تعقّل ولا تحكّم، ولا في قدرة البشر تقدير هذا مترّتبًا متناسبًا، لا يُخاف دخول الخلل منه، كأنّه قسّط "بني إسرائيل" وقدّرهم وقدّر غلاّت أرض الشام نباتًا وحيوانًا، وقدّر "سبط لاوي". وأمر في "سفر العدد" بهذه النِسَب، علمًا منه بأنَّ هذه النسبة إذا انتظمت بقوا "بنو إسرائيل" بوَفرهم ولم ينقص اللّاويّين شيء، ولم يصل الأمر إلى ضعف "سبط" أو "أسرة"، بما جعل أيضًا من انصراف الكلّ في سنة اليوبيل كما كان في السنة الأولى من قسمة الأرض إلى تفاصيل ودقائق تضيق الصحف عنها. يُرى من تدبّرها أنّها ليست من تدابير بشريٍّ. سبحان مُدبّرها "لم يصنع هكذا بإحدى الأمم وأحكامه لم يعرفوها". وبقي هذا النظام في الدولتين نحو ألف وثلاثماية عامًا ولو استقام القوم لبقي "كأيام السماء على الأرض".

57. قالَ الخَزَرِيُّ: إنّكم اليوم في حيرة من هذه اللوازم العظيمة، وأيّ أمّة تقدر على حَرْزِ هذا النظام.

58. قالَ الحَبْرُ: الجماعة التي رقيبها ومعاقبها ومثيبها للحين فيما بينها، أعني "السكينة". ألا ترى قول يهوشع: "لا تقدرون أن تعبدوا يهوه لأنّه إلوهيم قُدّوسون ... إلخ". هذا وقد كانت جماعته من التحفّظ في حدّ لم يوجد فيهم عاصٍ في "حِرِم

أريحا" أكثر من عخان، في جُملة أكثر من ست ماية ألف، ثمّ كان من العقاب للوقت على جاماعة ما كان. وما كان من عقوبة مريم و"البرص"، وعقوبة "غُزَّه"، وعقوبة "ندب وأبيهو"، وعقوبة "أهل بيت شمش لأنهم نظروا إلى داخل تابوت يهوه". وقد كان من معجزات "السكينة" أن يَظهر السخط اليسير على ذنوب ما للوقت في الحيطان وفي الثياب. وإذا قَوِيَ ظَهَرَ في الأبدان على منازل من القوّة والضعف. و"الأئمَّة الهارونيّون" موقوفون لهذا العلم الدقيق ولتمييز ما منه إلهيّ، فيُنتظر به الأسابيع، كما انتُظر في مريم، وما منه مزاجيّ، متمكّن وغير متمكّن، وهو علم غريب حثّ عليه تعالى: "احرصْ في ضربةِ البرصِ لتَحفَظَ جدًّا وتَعمَلَ حسبَ كُلِّ ما يُعلّمُكَ الأئمَّة اللّاويّونَ ... الخ".

59. قالَ الخَزَرِيُّ: هل عندك في هذا بعض إقناع وتقريب؟

60. قالَ الحَبْرُ: قد قلتُ لك إنَّ لا مناسبة بين عقولنا والأمر الإلهيّ، وينبغي أن لا نروم تعليل مثل هذه العظائم. لكنّي أقول، بعد الاستغفار والتبرئ من القَطْعِ أنه كذلك، إنّه ربّما تعلّق "البرص" و"السيلان" من نجاسة الميّت، لأنّ الموت هو الفساد الأعظم، والعضو الأبرص كالميّت، والمنيّ الفاسد كذلك، لأنّه كان ذا روح طبيعيّ متهيّئ ليكون نطفة ويتكوّن منه إنسان، ففساده مضادّ لخصوصية الحياة والروح، وليس يدرك مثلَ هذا الفساد للطافته إلاّ ذوو الأرواح اللطيفة والأنفس الشريفة التي تعلق بالإلهية والنبوّة أو الرؤية الصادقة والخيالات المتحقّقة. نعم، قد وجد قوم ثقلًا في نفوسهم مهما لم يُطهّروا من جنابتهم، وقد جُرّب أنّهم يفسدون بمسّهم الأشياء اللطيفة، كالنواوير والخمور، وأكثرنا يتغيّر من قرب الموتى والمقابر، وتَشَوَّشُ نفوسهم مدّةً في البيت الذي كان فيه الميّت، ومن كان غليظ الفؤاد لا يتغيّر لذلك.كما نرى مثل ذلك في العقليات، من يطلب صفاء فكر في العلوم البرهانية، أو صفاء نفس للصلاة والدعاء، يجد [للأغذية الغليظة ولزيادة المأكول والمشروب ضررًا، وكذلك يجد] الضرر من مجالسة النساء وصحبة ذوي الهزل والاشتغال بالأشعار الهزلية الغزلية.

61. قالَ الخَزَرِيُّ: يقنعني هذا عند تشكّك النفس لما ذا ينجّس هذا الفضل الجوهريّ، أعني المنيّ، وكُلّه روح، ما لا ينجّس البول والبراز على سماجة رائحته ومنظره مع كثرته، وبقي عليّ "برص المَلْبَس والبيت".

62. قالَ الحَبْرُ: قد قلتُ إنّها من خصوصيات "السكينة"، فإنّها كانت في "بني إسرائيل" بمنزلة الروح في جسد الإنسان، تُفيدهم حياة إلهية وتُكسبهم رَوْنقًا وجمالًا ونورًا في أنفسهم وأبدانهم وهيئاتهم ومساكنهم، ومتى انقبضت عنهم، سخفت آراؤهم وسمجت أبدانهم وتغيّر جمالهم. وإذا انقبضت عن الأفراد، ظهر على شخص شخص آثار انقباض نور "السكينة" عنه، كما ترى أثر انقباض الروح دفعة للفزع والهمّ يغيّر البدن. ونرى في النساء والصبيان، لضعف أرواحهم، يَعرِض في أبدانهم آثار سود وخضر من الخروج بالليل، ويُنسب ذلك للشياطين، وربّما عرض من ذلك ومن رؤية الموتى والقتلى أمراض عسيرة الزوال في البدن والنفس.

63. قالَ الخَزَرِيُّ: أرى شريعتكم ينطوي فيها كلّ دقيق وغريب من العلوم، ما ليس كذلك في غيرها.

64. قالَ الحَبْرُ: بل السنهدرين كانوا مُكلّفين ألاّ يفوتهم علم من العلوم الحقيقية والتخيّلية والاصطلاحية حتّى السحر واللغات. وكيف يوجد دائمًا سبعون شيخًا عالمًا، إن لم تكن العلوم شائعة مبثوثة في الأمّة، فمتى ما مات شيخ، خلفه آخر مثله. وكيف لا يكون ذلك، وكلّها محتاج إليها في الشريعة، فالطبيعية منها محتاج إليها في الفلاحة لمعرفة "التنزِية" والتحفّظ من "سنة الإجمام السابعة" و"العُرله"، وفي تمييز النبات وأنواعه، كَي تبقى على ما خُلقت عليه، ولا يختلط نوع بنوع. علم دقيق. هل الخندروس مثلًا من نوع الشعير، أو السُلت من نوع القمح؟ والقُنَّبيط من نوع الكرنب؟ ومعرفة قوى أصولها ومقدار امتدادها في الأرض وما يبقى لسنة أخرى وما لم يبق ليُعلَم كم يُترك بين نوع ونوع في المكان وفي الزمان. ثمّ في تمييز أنواع الحيوان لهذا الغرض وغرض آخر في ما له سمّ وما لا له سمّ.

ثمّ معرفة "اللحوم المحرّمة" التي هي أدقّ من كلّ ما أتى به أرسطوطاليس من معرفة مقاتل الحيوان للإبعاد عن أكل المَيْتة، وفي القليل الذي بقي عندنا من هذا العلم ما يَبهر العقول. ثمّ معرفة العيوب التي من أجلها يتأخّر "الأئمَّة الهارونيّون" عن الخدمة. وعيوب الحيوان الذي يُبعد عن القرابين.ثمّ في تفرقة أصناف "السيلان" للرجل وللامرأة وكمية أدوار "الحيض" وفي تفاصيل ذلك علوم لا يقدر عليها البشر بطريق قياسية دون معونة إلهية.وفي علم الأفلاك ومسيرها ما صار "التكبيس" بعض نتائجه، وجلالة قانون "التكبيس" معلومة، وما تأصّل فيه لهذه الأمّة الضعيفة المادّة القوية الصورة. وكيف لا وهي غير محسوسة بين الأمم لقلّتها وذلّتها وتشتّتها وتنظمهم بقايا الشريعة الإلهية نظامًا صاروا به كواحد. ومن أغربها "العِبُّور" بالأصول المنقولة عن بيت داود من "دورات القمر" الذي لم يختلّ منذ ألف ومئين سنين، وقد اختلّت أرصاد الراصدين من اليونان وغيرهم واحتيج فيها إلى إصلاح وزيادات بعد ماية عام. وهذا بقي على صحّته لاقترانه بالنبوّة. ولو صَحِبه اختلال في دقيقة في الأصل لكانت اليوم الفضيحة لبُعد ما كان يوجد بين "الولادة" و"الرؤية". وكذلك لا شكّ كانت عندهم "دورات الشمس" وغيرها من الكواكب.وأمّا علم الموسيقى، فتخيّل أمّةً تفضّل الألحان وتُوقِفُها على أجلّ قومها وهم "بنو لاوي"، ينتحلون الأغاني في البيت المعظّم في الأوقات المعظّمة. وقد كُفوا طلب المعايِش بما يأخذون من العُشور، فلا شُغْل لهم غير الموسيقى، والصناعة معظّمة عند الناس، كما هي في نفسها لا مُهجَنة ولا ضائعة، والقوم من شرف العنصر وذكاء الطبع حيث هو، ومن رؤسائهم في الصناعة داود وشموئيل، فما تظنّ بالموسيقى هل أحكموها أم لا؟

[65] قالَ الخَزَرِيُّ: هناك لا محالة تمّت وكملت، وهناك حرّكت الأنفس، كما يقال إنّها تنقل النفس من خلق إلى ضدّه. وليس يمكن أن تكون اليوم في نسبة ممّا كانت، إذ صارت هجينة ويحملها الخدم والمهجورون من الناس، لكّنها يا حبر ضاعت على شرفها كما ضِعْتم على شرفكم.

[66] قالَ الحَبْرُ: وما ظنّك بعلوم سليمان، وقد تكلّم على جميع العلوم بتأييد إلهيّ وعقليّ وغريزيّ، وكان أهل الأرض يقصدونه لينقلوا علومه إلى الأمم، حتّى من الهند؟ فجميع العلوم إنّما نُقل أصولها وجُمَلها من عندنا إلى "بلاد أور كسديم" أوّلًا، ثمّ إلى "بلاد فارس" و"مدين"، ثمّ إلى "اليونان" ثمّ إلى الروم. ولبُعد العهد وكثرة الوسائط لا يُذكَر في العلوم أنّها نُقلت من العبرانية لكن من اليونانية والرومية، والفضل للعبرانية في ذات اللغة وفيما ضمنت من المعاني.

[67] قالَ الخَزَرِيُّ: وهل للعبرانية فضل على اللغات وهي أكمل وأوسع نرى ذلك عيانًا؟

[68] قالَ الحَبْرُ: عَرَضَها ما عَرَضَ حامليها، ضعفت بضعفهم، وضاقت بقلّتهم، وهي في ذاتها أشرف نقلًا وقياسًا. أمّا النقل، فإنّها اللغة التي أُوحيَ بها إلى آدم وحواء، وبها تلافظا، كما يدلّ على ذلك اشتقاق آدم من "أدمه"، و"إيشه من إيش"، و"حوه من حي"، و"قين من قنيتي"، و"شت من شَت و"نوح من ينحمنو". مع شهادة التوراة ونَقْل الكافّة إلى عابر إلى نوح إلى آدم.وإنّها لغة عابر وبه تسمّت عبرانية لأنّه بقي عليها وقت "التبديد" وتشتّت الألسنة، وقد كان إبراهيم سريانيًا في أور كسديم. لأنّ السريانية لغة "الكسدانيّين" وكانت له العبرانية لغة خاصّة "لغة المقدّس". والسريانية "لغة الحُلّ" لذلك حملها إسماعيل إلى العرب العاربة فصارت هذه الثلاث لغات متشابهة السريانية والعربية والعبرانية في أسمائها وأنحائها وتصاريفها.وأمّا فضلها قياسًا فباعتبار القوم المستعملين لها فيما احتيج إليه من المخاطبة، لا سيّما مع النبوّة الشائعة فيهم، والحاجة إلى الوعظ والأغاني والتسابيح وملوكهم، مثل موسى ويوشع وداود وسليمان. أيُمكن أن تنقصهم عبارة عند حاجتهم إليها عن شيء، كما تنقصنا نحن اليوم لذهاب اللغة عندنا؟ أرأيت وصف التوراة "للقبّة ورداء الإمام الهارونيّ والجُرُبَّان" وغير ذلك إذ احتاج إلى أسماء غريبة ما أكمل ما وجده وما أجمل انتظام الوصف. وكذلك أسماء الأمم وأصناف الطيور والأحجار، واعتبرْ تسابيح داود

وشكاوى أيوب وجدله مع أصحابه ووعظ إشعياء ووعده ووعيده وغيرهم.

[69] قالَ الخَزَرِيُّ: غايتك في هذا وغيره أن تسوّيها مع غيرها من اللغات في الكمال، فأين الفضيلة الزائدة؟ بل يَفْضلها غيرها بالأشعار المنظومة المنطبقة على الألحان.

[70] قالَ الحَبْرُ: قد تبيّن أنّ الألحان مستغنية عن وزن الكلام، وأن بالفراغ والمَلْءِ يُقدر أن يُلحّن "اِحمدوا يهوه لأنه خير" بلحن "الصانع العجائب العظام وحده". هذا في الألحان ذوات الأعمال. وأمّا القرضيات المهتوتة الإنشادية، التي فيها يَجمل النظام فاختُصرت لفضيلة هي أرفع وأنفع.

[71] قالَ الخَزَرِيُّ: وما هي؟

[72] قالَ الحَبْرُ: لأنّ المقصود من اللغة تحصيل ما في نفس المخاطِب في نفس السامع. وهذا القصد لا يتمّ على كماله إلاّ بالمشافهة، لأنّ للمشافهة فضلًا عن المكاتبة. وكما قيل: "من أفواه الرواة لا من أفواه المصاحف"، لما يستعان بالمشافهة بالوقوف في موضع القطع، والتمادي في موضع الوصل، وبتشديد النطق وتليينه، وبإشارات وبايماءات من تعجّب وسؤال وخبر وترغيب وترهيب وتضرّع وحركات تقصر عنها العبارة الساذجة. وربّما استعان المتكلّم بحركات عينيه وحواجبه وجُملة رأسه ويديه ليُفهم السخط والرضاء والتضرّع والتجبّر على المقادير التي يريد. وفي هذه البقايا التي تبقّت لنا من لغتنا المخلوقة المخترعة دقائق ولطائف انطبعت فيها لتفهيم المعاني ولتقوم مقام تلك الاستعمالات المشافهية وهي "الألحان" التي يُقرأ بها "الكتاب المقدّس" يُشكّل فيها القطع والوصل، ويُفْصل مواضع السؤال من الجواب، والابتداء من الخبر، والحفز من التواني، والأمر من الرغبة، يُحتمل أن تؤلَّف في ذلك تواليف. فمن يكون هذا غرضه فإنّه لا محالة يدفع المنظوم. لأنَّ المنظوم لا يمكن إنشاده إلاّ بطريقة واحدة،

فيصل على الأكثر في موضع الفصل، ويقف في موضع الوصل، ولا يمكن التحفّظ من هذا إلاّ عن تكلّف كثير.

[73] قالَ الخَزَرِيُّ: بحقّ دَفعتَ فضيلة سماعية بجنب فضيلة معنوية، لأنَّ النظم يُلذِّذ المسموع. وهذا الضبط يحصّل المعاني، لكنّي أراكم معشر اليهود ترومون فضيلة النظم وتحكون غيركم من الأمم وتدخلون العبرانية في أوزانها.

[74] قالَ الحَبْرُ: وهذا من تكلّفنا وخلافنا. أَمَا كفى إطّراحنا لهذه الفضيلة المذكورة، إلاّ أنّا نُفسد وضع لغتنا، التي وُضعت للألفة فنردّها للشتات.

[75] قالَ الخَزَرِيُّ: وكيف ذلك؟

[76] قالَ الحَبْرُ: ألم ترَ ماية رجل يقرءون "الكتاب المقدّس" كأنهم شخص واحد، يقطعون في آن واحد ويصلون قراءتهم كواحد؟

[77] قالَ الخَزَرِيُّ: قد اعتبرت ذلك ولم أرَ مثله في العجم ولا في العرب ولا يمكن ذلك في إنشاد الشعر، فأَخبِرْني كيف حصلت هذه الفضيلة في هذه اللغة، وكيف أفسدها الوزن؟

[78] قالَ الحَبْرُ: بأن جُمع فيها بين ساكنين ولم يُجمَع فيها بين ثَلث حركات إلاّ تحاملًا، فجاء الكلام إلى السكون وأكسبَ هذه الفضيلة، أعني الأُلفة والنشاط على القراءة، وسهلَ بذلك الحفظ وحصول المعاني في النفس. وأوّل ما يُفسد عَروضُ الشِعر أمْر هذين الساكنين، فيُطرَح "ممدود الصدر" و"ممدود العجز" فيصير أَخْلَه [أَكَلوا] وأوخْلَه [لآكُلَ] سواء، أَمْرُو [قَالُوا] وإمْرُو [قُولُوا] سواء في اللحن. أُومَر [تَقُولُ] وأُومَر [قُلْتُ]. وكذلك يصير شَبْتِي [عُدْتُ] وِ◌شَبْتِي [وَأَعُودُ] سواء على ما بينهما من البَوْن من ماض ومستقبل. وقد كان لنا اتّساع في طريق "الترتيل" الذي لا يُفسد لغة إذا حُرِز، لكن أدركنا في القول

قال له الخَزَرِيّ الفصل الثاني

المنظوم ما أدرك آباءنا، فيما قيل عنهم: "بل اختلَطوا بالأُمم وتعلَّموا أعمالَهُم".

[79] قالَ الخَزَرِيُّ: أسألك هل تعلم سببًا لتَحَرُّك اليهود عند قراءة العبرانية؟

[80] قالَ الحَبْرُ: ذُكر أنّه لتنبيه الحرارة الغريزية. وما أظنّه إلاّ من الباب الذي نحن فيه، لمّا أمكن جُملة منهم القراءة "معًا" أمكن أن يجتمع عشرة وأكثر على مصحف واحد. ولذلك صارت مصاحفنا كبارًا، فيلجأ كلّ واحد من العشرة إلى الميل مع الأحيان لرؤية الحرف، ثمّ يعود، ويكون هذا ميلًا ورجوعًا، لكون المصحف في الأرض، ويكون هذا السبب الأوّل. ثمّ صارت عادة من الرؤية والمشاهدة والمحاكاة التي هي في طبع الناس. وغيرنا يقرأ كلّ واحد في مصحفه ويضمّ مصحفه إلى عينه أو ينضمّ هو إليه بقدر ما يريد، من غير أن يضايقه صاحبه فيه، فليس يحتاج إلى ميل وارتفاع.ثمّ فضيلة النطق وضبط "القواعد السبع"، وما لنا من تحرير وتدقيق والفوائد الحاصلة من التفرقة بين القمص والفتح والصيري والسيغول، وفائدتها في المعاني يُفرَق بها بين الماضي والمستقبل، مثل سَمْتِي [أَقَمْتُهُ] وسَمْتِي [وأُقِيمُ] وَأَبْرْخِيهو [وَبَارَكْتُهُ] وَأَبَرْخِيهو [وأُبارِكُهُ]. ويُفرَق بين فعل وصفة، مثل حَكَمْ [حَكِيم] وحَكَمْ [حَكُمَ]، وبين هـ الاستفهام وهـ المعرفة، مثل "[مَنْ يَعلمُ روحَ بني البشر] هي الصاعدة إلى فوق، وروحَ البهيمة النازلة إلى أسفلَ إلى الأرضِ] "، وغير ذلك إلى ما تفيد من حسن انتظام إدراج الكلام في جمع الساكنيْن، حتّى تأتي في الكلام العبرانيّ قراءة تستوي فيها جماعة دون لحن.وللّحن أيضًا شروط أُخَر، لأنَّ جهات النطق في العبرانية بالقسمة ثلاث: ضمّة وفتحة وكسرة، وبقسمة ثانية: ضمّة كبرى وهي قمص، ووسطى وهي حُولِم، وصغرى وهي شورُق؛ وفتحة كبرى وهي فتح، وصغرى وهي سيغول؛ وكسرة كبرى وهي صيري، وصغرى وهي حيريق. و"السكون" محرَّكة بهذه كُلّها بشرائط وهي الحركة وحدها دون زيادة، وغيرها تقتضي ساكنة بعدها. فالقمص يتبعه ساكن ممدود، فلا يتبعه "شدّة" في الوضع

الأوّل، وإن اتّبعه "شدّة"، فلضرورة في الوضع الثاني أو الثالث. وساكنه الممدود إمّا "أ" وإمّا "هـ" مثل بَرَا [خَلَقَ] وقَنَه [اشْتَرَى]، وربّما تبع الساكنَ الممدود ساكن ظاهر، مثل قَامْ.الحُولِم يتبعه ساكن ممدود، وساكنه واو أو ألف، مثل لأُ [و] لُوْ، وربّما تبعه ساكن ظاهر، مثل شُوْر [ثور] [و] سِ◌ِمُوْل [يَسَار]. الصيري يتبعه ساكن ممدود، وساكنه ألف أو ياء، مثل يُوصا [يَخْرُجُ أو خارجٌ] ويوصئي [خَارِجُو]. وأمّا الهاء فليست للصيري بالطبع بالوضع الأوّل، لكن بالوضع الثاني. الشورُق متروك للثلثة الأوضاع، قد يتبعه الممدود، وقد يتبعه الشدّة والساكن الظاهر، وساكنه الواو وَحْدها، مثل لُو [لَوْ] ولُلُون [لِيَبِيت] ولُقح [أُخِذَ]. الحيريق مثل الشورُق، مثل لِينْ [بَاتَ] ولِيْ [لِيَ] ولِبّي [قَلْبِيَ]. الفَتح والسيغول لا يتبعهما ساكن ممدود في الوضع الأوّل، وإنّما يمدّهما الوضع الثاني، إمّا للاعتماد عليه أو للحن أو لموضع قطع وفصل.فالوضع الأوّل تَلتزِم شرائطَه مهما نظرتَ إلى حرف حرف وكلمة كلمة، ولم تُعْنَ بإصلاح إدراج الكلام المؤلّف منها من وصل وقطع وكلمة كبيرة وصغيرة وغير ذلك. فحينئذ تتّضع لك "القواعد السبع" على وضعها الأوّل دون خلاف، و"السكون" على قدرها دون مدّة غيعيا. والوضع الثاني يَنظر في حسن تأليف الألفاظ وإدراجها، فربّما غيّر من الوضع الأوّل لإصلاح الثاني. والوضع الثالث هو التلحين، وربّما غيّر شيئًا من الوضعيْن المتقدّميْن.ولا يُنكَر في الوضع الأوّل تتالِي ثَلث حركات لا يتخلّلها ساكن ولا "شدّة"، بل تتّصل حركة شبئيَّة [سكون] بعد حركة شبئيَّة ثَلث وأكثر، كما يجوز ذلك في العربية، لكن ذلك منكر في الوضع الثاني. فمتى اتّفقت ثَلث حركات في الوضع الأوّل، مدّ إحداها الوضعُ الثاني بقدر ساكن، مثل مِشْكَنِي [مَسَاكِنِ] لِشَخنَيْ [لجيراني] رِصَفَتْ [مُجَزَّع]، إذ العبرانية تستثقل تَوالِيَ ثَلث حركات إلاّ في التقاء مثلين، مثل شَرْرَخْ [سُرَّتُكِ] أو [في الأحرف] أ. هـ. ح. ع. [مثل] نَهَرَاي [أَنْهَارِ] نَحَلاَي [جداول]، فإنْ شئت مددت وإنْ شئت أسرعت. وكذلك جوّز الوضع الأوّل اجتماع حركتيْن متواليتيْن ممدودتيْن بقدر ساكنين. ورأى الوضع الثاني أنَّ النطق بذلك يسمج، فيُسقَط أحد المدّيْن ويبقى الثاني، مثل سَمْتِي [أَقَمْتُهُ]

فـِ◌سَمْتِي [وأقيمُ] وكل ما ماثله.ألا ترى فَعَل وأصحابه النطق بها بعكس النقط، تمدّ العين وهي "فتحة كبرى"، وتُهمل الفاء وهي "ضمّة كبرى". ومدّ العين إنّما هو لاعتماد لا لساكن ليّن، ولذلك أُبقيَ أَمَار لي [قالَ لي] وعَسَاه لي [صنعَ لي] على الوضع الأوّل، لمّا اعتُمد على الحرف الصغير. وهكذا نرى فَعَلْ "بضمّتيْن كبيرتين" وهو فعل ماض، فنطلب علّة ذلك فنجده في إِتْنَح أو سوف فَسُوق، فنقول إنَّ هذا الساكن تمكّن في الوضع الثاني من أجل الوقوف والقطع. فيطّرد لنا هذا حتّى نجد فَعَلَ "بضمّتيْن كبيرتين" أيضًا في زَقِف، فنطلب علّته فنجده موضعَ قطع في المعنى، وكان يستحقّ أن يكون إِتْنَح أو سوف فَسُوق، لولا ضروريات أُخَر ألجأتْ ألاّ يقع في إِتْنَح ولا في سوف فَسُوق.كما نجد أيضًا في إِتْنَح وسوف فَسُوق، "فتحتين كبيرتين" على غير ذلك من الاطّراد، مثل وَيِلَخ وَمَضَى] وكلّ وَيُمِر [وقالَ] وزَقِنْتِ [شِخْتُ] وتِشَّبِرْنَه [تَتَكَسَّرُ]. فنجد علّة وَيُمِر [وقالَ] مراعاة المعنى، إذ لا يستحقّ وَيُمِر [وقالَ] الوقوف فيه لاضطراره إلى ما بعده في تتميم المعنى إلاّ قليلًا، مثل كَأَشَرْ أَمَرْ [حينَ قَالَ]، فإنَّ معناه تامّ بالإحالة على ما تقدّم، فيستحقّ "الضمّة الكبرى" لأنّه موضع قطع. وأمّا وَيِلَخ وَمَضَى] وتِشَّبِرْنَه [تَتَكَسَّرُ] فكان حقّه أن يكون וַיֵּלֶךְ وתִּשָּׁבַרְנָה، فصعُب نقل الكسرة إلى فتحة كبرى دون تدريج لكن نُقلت إلى "فتحة كبرى". ولعلّ زَقِنْتِ [شِخْتُ] من هذا الطريق من أجل أنَّ أصلّه زَقَن [مُسِن] فنُقل "الكسرة الكبرى" عند الوقوف إلى "فتحة كبرى".وكذلك نتعجّب من פֹּעַל، وكلّ ما جاء على وزنه "ممدود الصدر"، ممدود الفاء وهو بـ"فتحة صغرى"، حتّى نتفكّر أنّه لو لم تُمَدّ الفاء لضَمّت ضرورة نطق العبرانيّ إلى مدّ العين فيصير "ممدود العجز"، ويصير بين العين واللام ساكن ليّن بعد "فتحة صغرى"، وهذا شنيع. وليس بشنيع في الفاء، إذ لا بدّ لها من ساكن، وموضع الساكن فارغ، فتلك المَدّة التي هي "ممدود الصدر"، إنّما هي ساكن ظاهر بإزاء פָּן עַל، لا بإزاء פאן עַל. نعم، إنّه إذا كان في إِتْنَح وسوف فَسُوق رجع פָּעַל بإزاء פאן עָל، فرأينا ضرورة المدّ، كما قلنا في سَمْتِي [أَقَمْتُهُ] وِسَمْتِي [وأُقِيمُ]. وكذلك نتعجّب من شَعَر [باب] ونَعَر [صبي] وأصحابها

لامتداد فائها وهي "فتحة كبرى"، ونتفكّر فنرى أنّها مقام פָּעַל، وإنّما فُتحت من أجل أ. هـ. ح. ع. ولذلك لم تتغيّر عند الإضافة كما يتغيّر نَـهَر [نَهْر] وقَهَل [جماعة] عند الإضافة، لأنّها على زنة دَّبَر [كَلِمَة]. وكذلك نجد أَعَسَه [أَصْنَع] يَعَسَه [يَصنَع] أَبْنَه [أَبْنِي] أَقْنَه [أَقْتَنِي] "بفتحة صغرى" مع ساكن ليّن، فنتفكّر في المثال الأوّل الذي هو أَفْعَل يِفْعَل، ونرى أنَّ عين الفعل لم يُبْن على مدّ بل على ساكن ظاهر مع "فتحة كبرى" أبدًا، ونعذر لما لم يُنقَط بـ "فتحة كبرى"، فيقال أَعَسَه [أَصْنَع]، إذ لا تقع فتحة على ألف ليّنة إلاّ بضمّة كبرى. والضمّة الكبرى ممدود، وعين الفعل ليس بممدود أصلًا، إلاّ أن تُنقَل إليها حركة أو تقع على ألف مثل أَصَا [أَخْرُجُ]. فوجب نقل أَعَسَه [אֶעֱשֶׂה] إلى "فتحة صغرى" لأنّه أقلّ الحركات تمكّنًا، ويشارك "الكسرة الكبرى" إذا احتيج في الوضع الثاني إلى تمكينه عوضًا منه في الوقفات. ويكاد ألاّ يظهر للهاء في أَعَسَه [אֶעֱשֶׂה] مكان إلاّ في القطع، أو في اللحن، ويستسهل الشدّة معها أَعَسَيه لَخْ [أَصْنَعُ بِكَ] أَبْنَه لِي [أَبْنِي لِنَفْسِي]، حتّى لا تظهر ما ليس كذلك في أَصَا [أَخْرُجُ] وَيَبُو لِي [وأَتى إليَّ]، فلا يتبعها ضمّة ويتقدّمها "كسرة كبرى" لإظهار الألف. ألا ترى استخفافهم بالهاء حتّى أسقطوها من الخطّ واللفظ وَيِبَنْ [وَبَنَى] وَيِقَنْ [وَأُبْتَاعَ] وَيَعَسْ [وَعَمِلَ]، فكيف تُمكَّن بالـ"كسرة كبرى"، بل إنّما تُعطَى أقلّ الحركات وهي "الفتحة الصغرى". هذا في الوضع الأوّل، حتّى ينقلها الوضع الثاني إلى الـ"كسرة كبرى" عند القطع.وكذلك نتعجّب من مَرْءه [مَنْظَر] ومَعَسَه [عَمَلُ] ومِقْنَه [أَنْعَام أو إبْتِيَاع] وأصحابها، لمّا نراها في الإضافة "بكسرة كبرى"، وفي غير الإضافة "بفتحة صغرى"، ونظنّ الحقّ كان في عكس هذا. فإذا تفكّرنا في لام الفعل المعتلّة وهي الها [ה]، إنّها محسوبة كالعدم، وكأنّ هذه الأسماء إنّما هي مَرْء مَعَس مِقَن، فلم تستحقّ غير "الفتحة الصغرى" حتّى تأتي ضرورة لإظهارها بساكن ليّن في مَرْءه [مَنْظَر] ومَعَسَه [عَمَلُ] ومَرْءيهِنْ [مَنْظَرُهُنْ] ومَعَسيهِنْ [عَمَلُهُنْ] فأُرجِعَ "الفتحة الصغرى" إلى "كسرة كبرى" ليقوم عند الإضافة مقام "الفتحة الكبرى" في مَرْأَمْ [مَنْظَرِهُم] ومَعَسَمْ [مَنْظَرُهُم] ومَعَسَم [عَمَلُهُم].والذي جاء على الوضع الأوّل ولم يغيّره

الثاني في النقط، لكن في اللفظ بِنْ [أُبْن] مفصولة "بكسرة كبرى"، ومضافُة "بفتحة صغرى"، وربّما مدّه اللحن، مثل بَنْ يَئير [بنُ يَائِير]، وهو على وضعه الأوّل "بفتحة صغرى"، وربّما حفّزه اللحن بِنْ أَحَر [أُبْن آخَر]، وهو على وضعه الأوّل "بكسرة كبرى". ولا اشتباه في פֶּעַל "ممدود العجز" أنّه "بكسرة كبرى".ولواضع هذا العلم الدقيق أسرار تخفى عنّا، وربّما وقفنا على بعضها يقصد بها التنبيه على تفاسير، كقولنا في "هي الصاعدة"، وفي ما يفرّق بينَ الماضي والمستقبل، وبين الانفعال والمنفعل فيُنقَط نِئْسَف إِلْ عَمِّي [أَنْضَمُّ إلى قومي] "بضمّة كبرى" وكَأَشِر نِئْسَف [كَما ضُمَّ] "بفتحة كبرى"، ويُنقَط وَيِشْحَطْ [ويَذبَح] وَيِشْحَط [ويَذبَح]. وإن لم تكن في موضع قطع لفظيّ، فهي في موضع قطع معنويّ. وكثيرًا ما يُحمَل السَغُول التابع للزرقه محمل الإِتْنَح والسوف فَسُوق والزَقِف، فيتغيّر الوضع الأوّل.ولو اتّسعتُ في هذا الباب لطال الكتاب، وإنّما أعرضتُ عليك ذوقًا من هذا العلم الدقيق، وأنّه ليس مهملًا بل معلّلًا مضبوطًا.

[81] قالَ الخَزَرِيُّ: كفاني هذا تعجيبًا بهذه اللغة. وأرغب أن تنتقل معي إلى صفة المتعبّد عندكم، ثمّ أسألك عن احتجاجكم على القَرَّائِين، ثمّ أطلب منك في الآراء والاعتقادات أصولًا، ثمّ أطلبك بما بقي عندكم من العلوم القديمة.

كتاب
قال له الخَزَرِيّ

Kitab al Khazari

الحاخام يهودا هليفي

Rabbi Yehuda Halevi

الفصل الثالث

1. قالَ الحَبْرُ: صفة المتعبّد عندنا ليس بمنقطع عن الدنيا كي لا يصير كَلًّا عليها، وتصير كَلًّا عليه، فيبغض حياته التي هي من نِعَم الله عليه ويمتنّ بها عليه كقوله: "عَدَدَ أيَّامِكَ" و"تُطِيلَ الأَيَّامَ". بل يحبّ الدنيا وطول العمر لأنّها تُكسبُهُ الآخرة، وكلّ ما زاد حسنة رُقيَّ درجة في الآخرة. نعم إنّه يودّ لو يصير في رتبة أخنوخ الذي قيل فيه "وسارَ أخنوخُ [مع إلوهيم] ‘‘، أو رتبة إلياهو ليتفرّغ حتّى يتفرّد لصحبة الملائكة، فلا يَسْتَوحِش في الوحدة والخلوة، بل هي أُنسهُ، ويَسْتَوحِش في الملأ لفقده مشاهدة ملكوت السماء التي تغنيه عن الأكل والشرب. فلمثل هؤلاء يحقّ التفرّد التامّ، بل يتمنّون الموت إذ قد بلغوا النهاية التي ليس بعدها درجة تُرجَى زيادتها.وللعلماء المتفلسفة حُبّ في التفرّد لتصفو أفكارهم لينتجوا من قياساتهم نتائج حقّ، حتّى يحصل لهم اليقين في ما تبقّى عليهم من الشكوك. ويريدون مع هذا لقاء تلاميذ يدعونهم إلى البحث والتذكّر، كمن ولع بجمع المال، فهو يكره الاشتغال إلاّ مع مَنْ يتاجره فيربح معه. وهذه درجة سقراط ومَنْ أشبهه. وهؤلاء أفراد لا مطمع في درجتهم اليوم.نعم إنَّ بحضرة "السكينة" في الأرض المقدّسة في الأمّة المهيَّأة للنبوّة كان خلق يتزهّدون ويسكنون القفار، مجتمعين مع مَنْ شاكلهم، لا متفرّدين بالجُملة، بل يتعاونون على علوم الشريعة وأعمالها المُقَرِّبة إلى تلك الدرجة "بقدسية وطهارة وهم أبناء الأنبياء".وأمّا في هذا الزمان وهذا المكان وهذا

الخلق و"غياب رؤيا منتشرة"، مع قلّة العلم المُكتَسَب وعدم ذلك العلم المطبوع، مَنْ حصّل نفسه في الانقطاع بالزهادة فقد حصّل نفسه في عذاب ومرض نفسيّ وجسميّ، فيُرَى عليه تذلّل الأمراض، فيُظنّ أنّه تذلّل بالخشوع والخضوع، ويحصل مسجونًا، يكفر بالحياة ملالًا لسجنه وآلامه، لا التذاذًا بالتفرد. وكيف لا وهو لم يتّصل بنور إلهيّ يأنس إليه كالأنبياء، ولا حصّل علومًا ما تفي بإشغاله وتلذيذه بقية عمره كالفلاسفة. وهَبْ أنّه ورع خيّر محبّ في مناجاة ربّه في الخلوة والقيام والتضرّع والتحنّن ما عساه أن يحفظ من "التحنين والأدعية". وهذه المبتدَعات إنّما لها لذّة أيام مهما تطرأ، وكلّ ما تكرّرت على اللسان لم تنفعل لها النفس، ولا وجد لها شجًا وتحنينًا، فيبقى الليل والنهار ونفسه تطلبه بقواها التي طُبِعت عليها من النظر والسمع والكلام والتصرّف والأكل والشرب والنكاح والربح في الأموال والإصلاح على الأهل ومشاركة الضعفاء ومعاونة الشريعة بالمال إذا رأى اختلالًا. أليس يبقى منتشبًا نادمًا على ما ربط نفسه إليه، فيزيد بندامته بُعدًا من الأمر الإلهيّ الذي رام قربه.

2. قالَ الخَزَرِيُّ: فلتصف لي أعمال خيّركم الآن.

3. قالَ الحَبْرُ: إنَّ الخيّر هو المحافظ على مدينته، يقسط ويقدّر على أهلها أرزاقهم وجميع حاجتهم، ويعدل فيهم بحيث لا يغبن أحدهم ولا يعطيه فوق حقّه الذي يستحقّه، ثمّ يجدهم في وقت حاجته إليهم مطيعين سريعي الإجابة لدعوته، يأمرهم فيأتمرون، وينهيهم فينتهون.

4. قالَ الخَزَرِيُّ: عن خيّر سألتك لا عن رئيس.

5. قالَ الحَبْرُ: الخيّر هو من كان رئيسًا مطاعًا على حواسّه وقواه النفسانية والبدنية ويسوسها السياسة المدنية، كما قيل: "والمتحكّمُ بروحِهِ [خيرٌ مِمَّنْ] يَستَولِي على مَدِينَةٍ". وهو المهيَّأ للرئاسة، لأنّه لو رأس مدينة لعدل فيها كما عدل في بدنه ونفسه، فقمع القوى الشهوانية ومنعها عن الانهمال، بعد

إنصافها وإعطائها ما يسدّ خللها بالطعام القَصْد والشراب القَصْد والاستحمام وأسبابه بقَصدٍ أيضًا. وقمعَ أيضًا القوى الغضبية الطالبة لظهور الغلبة بعد إنصافها وإعطائها حظًّا في الغلبة النافعة من مناظرات العلوم والآراء. وزَجَرَ أهل الشرّ. وأعطى الحواسّ حظّها فيما يعود نفعه عليه، فيصرف اليدين والقدمين واللسان في الأمر الضروريّ وفي الاختيار الأنفع. وكذلك السمع والبصر والحسّ المشترك تابع لهما. ثمّ التخيّل والوهم والفكر والذِّكْر، ثمّ القوّة الإرادية المصرّفة لجميع هذا، وهي مصرّفة خادمة لاختيار العقل، ولا يدع أحدًا من هذه الأعضاء والقوى أن ينهمل في ما يخصّه وحده فيَبخَسُ الباقية. ولمّا قضى حاجة كلّ واحدة منها وأعطى الطبيعية ما يكفيها من السكون والنوم، والحيوانية ما يقوتها من اليقظة والحركة في أعمال الدنيا، دعا حينئذ جماعته كالرئيس المطاع يدعو عسكره المطيع إلى ما يعينه على الاتّصال بالرتبة التي فوقها، أعني الرتبة الإلهية التي فوق الرتبة العقلية، فيُرتِّب جماعته ويُنظِّمها يحاكي ترتيب "سيّدنا" موسى عليه السلام جماعته حول "طور سيناء". ويوصّي القوّة الإرادية أن تكون قابلة مطيعة لما يرد من عنده من أمر فتمتثله من حينها. فتُصرّف القوى والأعضاء على ما يأمر دون خلاف، ويوصيها ألاّ تلتفت إلى شياطين الوهمية والمتخيّلة، ولا تقبلهما ولا تصدّقهما، حتّى تشاور العقل، فإن جوّز ما عندهما قبلته، وإلاّ عصتهما. فتقبل الإرادية ذلك منه وتصمّم على امتثاله، فتُسدّد آلات الفكر وتخلّيه من كل ما تقدّم من الأفكار الدنيائية، وتُكلّف المتخيّلة إحضار أبهج الصور الموجودات عندها بمعونة الذِّكْر لتحاكي به الأمر الإلهيّ المطلوب مثل "موقف طور سيناء، وموقف إبراهيم وإسحق على جبل العبودية [موريا]"، ومثل "مسكن" موسى عليه السلام، و"نظام العبادات"، وحلول "المجد" في "البيت" وغير ذلك كثير. ويأمر الحافظة أن تودع ذلك ولا تنساه. ويزجر الوهمية وشياطينها من تشويش الحقّ وتشكيكه. ويزجر الغضبية والشهوانية عن تمييل الإرادية وتحريفها وإشغالها بما عندهما من غضب وشهوة.وبعد هذه التوطئة تُنْهِض القوّة الإرادية جميع الأعضاء المتصرّفة لها بنشاط وحرص وفرح، فتقف في وقت وقوف من غير كسل،

وتسجد عند ما يأمرها بالسجود، وتقعد حين القعود، وتشخص الأعين شخوص العبد إلى مولاه، وتقف اليدان عن عبثهما ولا تجتمع الواحدة بالأخرى، وتستوي القدمان للوقوف، وتقف جميع الأعضاء كالباهتة الخائفة لطاعتها لسائسها، لا يهمّها أَنَّ بها ألمًا أو كلالًا، ويكون اللسان مطابقًا للفكر ألاّ يفضّل عنه، ولا ينطق في صلاته على سبيل الاعتياد والملكة، كالزرزور والببغاء، بل مع كلّ كلمة فكرة ورويّة فيها، فيصير وقته ذاك لباب زمانه وثمرته، وتصير سائر أوقاته كالطرق الموصلة إلى ذلك، يتمنّى قربه إذ فيه يتشبّه بالروحانيّين ويَبعُد عن البهيميّين، فصارت ثمرة يومه وليلته تلك الثلاثة أوقات الصلاة، وثمرة الأسبوع يوم السبت، إذ كان موقوفًا للاتّصال بالأمر الإلهيّ وعبادته "بفرح" لا بخشوع، كما تبيّن.وترتيب هذا من النفس كترتيب الغذاء من البدن، فيصلّي لنفسه ويغتذي لبدنه، وتبقى عليه بركة الصلاة إلى وقت صلاة أخرى، كبقاء قوّة الغداة حتّى يتعشّى. ولا تزال النفس تتكدّر كلّ ما بَعُدَ وقت الصلاة عنها بما يرد عليها من أشغال الدنيا، لا سيّما إنْ دعت الضرورة إلى صحبة صبيان ونساء وأشرار فيسمع ما يكدّر صفاء نفسه من كلمات فاحشة وأغاني تطرب إليها النفس ولا يقدر على ملكها. وعند الصلاة يُطهّر نفسه ممّا سلف ويهيّئها للمستأنف، ثمّ لا يمرّ أسبوع على هذا الترتيب إلاّ وقد سئمت النفس والبدن، وقد اجتمعت فضول مكدّرة مع طول الأسبوع لا يمكن تطهيرها وتنظيفها إلاّ باتّصال عبادة يوم مع راحة البدن، فيستوفي البدن في السبت ما فاته الستة أيام، ويستعدّ للمستأنف. والنفس أيضًا تتذكّر ما فاتها مع شغل البدن، وكأنّها ذلك اليوم متعالجة متداوية من مرض متقدّم ومستعدّة بما يدفع عنها المرض في المستأنف، شبيهًا بما كان يفعل أيوب في كلّ أسبوع بأولاده، كما قال: "رُبّما أخطأ بَنِيَّ".ثمّ يَستأنف العلاج الشهريّ الذي هو "وقتُ كفّارة عن جميع أيامهم"، يعني "أيام الشهور"، حوادث الأيام، كقوله: "لأنّك لا تعلم ماذا يلده يومٌ". ثمّ يَستأنف "الثلاثة أعياد".ثم يوم الصوم المعظَّم الذي فيه التبرّؤ عن خطأ سلف، ويَستَدرِكُ فيه كل ما فاته في أيام الأسابيع والشهور، وتتبرّأ النفس من الوساوس الوهمية والغضبية والشهوانية، وتتوب عن مساعدتها بتّةً فكرًا أو فعلًا.

وإنْ لم تمكن التوبة عن الفكر لغلبة الخواطر عليها بما سلف لها من حفظ ما سمعت منذ الصبا من أشعار وأخبار وغير ذلك تبرّأت من الفعل، واعتذرت من الخواطر، والتزمت ألاّ تذكرها باللسان فضلًا عن أنْ تفعلها، وكما قيل: "ذمومٌ لا تتعدّى فمي". وصيامه ذلك اليوم صيامًا يقارب به التشبّه بالملائكة لأنّه يقطعه بالخشوع والخضوع والوقوف والركوع والتسبيح والتهليل، وجميع قواه البدنية صائمة عن الأمور الطبيعية مشغولة بالشريعة، كأنّه ليس فيه طبع بهيميّ. وكذلك يكون صوم فاضل متى صام، أنْ يصوم فيه البصر والسمع واللسان، فلا يشغلها بغير ما يقرّب إلى الله تعالى. وكذلك القوى الباطنة من خيال وفكر وغير ذلك، ويقترن بذلك الأعمال الصالحة.

6. قالَ الخَزَرِيُّ: الأعمال معلومة.

7. قالَ الحَبْرُ: الأعمال السياسية والنواميس العقلية هي المعلومة. وأمّا الإلهية المزيدة على تلك لتحصل في ملّة "إله حيّ" يدبّرها، فليست معلومة، حتّى تأتي من عنده مُفسَّرة مُفصَّلة. نعم، ولا تلك السياسية العقلية، وإنْ عُرفتْ ذواتها فليس يُعرَف تقديرها. لأنّا نعرف أنَّ المؤاساة والمشاركة واجبة، ورياضة النفس بالصوم والخضوع واجب، والغبن قبيح، والانهمال مع النساء قبيح، وإتيان بعض القرابة قبيح. وبرّ الوالدين واجب وما أشبه ذلك. لكن تحديد ذلك وتقديره بحيث يصلح للكلّ فإنّما هو لله تعالى. وأما الأعمال الإلهية فلا مجال فيها لعقولنا، وليست مدفوعة عند العقل، لكن العقل مقلِّد فيها كما يقلِّد العليلُ الطبيبَ في أدويته وتدابيره. ألا ترى "الختانة" ما أبعدها عن القياس ولا مدخل لها في السياسة. وقد امتثلها إبراهيم، على صعوبة الأمر عند الطبيعة، وهو بن ماية عام، في نفسه وفي ولده، وصارت "علامة عهد"، ليتّصل به وبنسله الأمر الإلهيّ، كما قال: "وأقيم عهدي بيني وبينك وبين نسلك من بعدِكَ في أجيالهم عهدًا أبديًا، لأكون إلهًا لك ...الخ".

8. قالَ الخَزَرِيُّ: بحقّ التزمتم هذه الشريعة على ما ينبغي، وامتثلتموها بغاية الاهتبال في الحفل والتهيّؤ لها والتسبيح عليها

وذكر أصلها وعلّتها في "البَرَكَة". وغيركم رام التشبّه بكم فحصل على الألم وحده دون اللذّة التي يحصل عليها من يتخيّل السبب الذي من أجله يحتمل هذا الألم.

9. قالَ الحَبْرُ: وهكذا سائر التشبيهات. لم تقدر أمّة من الأمم أن تتشبّه بنا في شيء، أترى الذين اتّخذوا يومًا للراحة مقام السبت، أَقدروا أن يحكوه، إلاّ كما تحكي صور الأصنام صور الناس الأحياء.

10. قالَ الخَزَرِيُّ: قد تفكّرت في أمركم ورأيت أنَّ لله سرًّا في إبقائكم، وأنّه قد صيّر الأسبات والأعياد من أقوى الأسباب في إبقاء رَمَقكم ورونقكم. فإنَّ الأمم كانت تقتسمكم وتتّخذكم خدمة لفطانتكم وذكائكم، ولتصيّركم محاربين أيضًا، لولا هذه الفصول التي تراعونها هذه الرعاية لأنّها من قِبَلِ الإله، ولعلل قوية، مثل "التذكير بحدث التكوين والتذكير بالخروج من مصر والتذكير بنزول التوراة"، وكُلّها أمور إلهية مؤكّدة عليكم محافظتها. ولولاها ما لبس أحدكم ثوبًا نظيفًا، ولا كان لكم اجتماع لتدبّر شريعتكم لخمول هممكم بتوالي الذلّة عليكم، ولولاها ما تنعّمتم يومًا واحدًا في طول أعماركم. وقد حصل لكم بها سُدس العمر في راحة جسم وراحة نفس لا يقدر الملوك عليها، إذ نفوسهم لا تتودّع في يوم راحتهم لأنّهم إنْ دعتْهم أقلّ ضرورة في ذلك اليوم للتعب والحركة تحرّكوا وتعبوا، فليست نفوسهم في دعة تامّة. ولولاها لكان كسبكم لغيركم، إذ هو معرَّض للنهب، فإنفاقكم فيها ربح لكم دنيا وآخرة إذ النفقة فيها لذات الله.

11. قالَ الحَبْرُ: فالخيّر منّا يراعي من الشرائع الإلهية هذه، أعني "الختان" والأسبات والأعياد ولوازمها المشروعة من عند الله، والتحفّظ بالـ"سفاح الأقارب"، والـ"خلط النوعين" في النبات والثياب والحيوان، و"الإجمام" واليوبيل، والتحفظّ من "عبادة الآلهة الغريبة" وما يتعلّق بها من طلب علم غيب من غير النبوّة أو الأوريم والتُّميم أو "الرؤى". فلا يُسمع من زاجر أو منجّم أو قرّاع أو متفاول أو متطاير، والتحفّظ من "السيلان"

و"الحيض"، والتحفّظ من الحيوان النجس في أكله ومسّه، ومن "البرص"، والتحفّظ بالدم والشحم لأنّها نصيب "نار يهوه".ومراعاة ما يلزمه على كلّ "إثم يُرتكب سهوًا أو خطًأ من قربان"، حاشى ما يلزمه من "افتداء بكر الإنسان وبواكير المحاصيل والحيوان"، وعلى كلّ والدة تلد عنده "قربان"، وما يتطهرّ من "سيلان وبرص قربان وعطايا الفطير"، حاشى ما يلزمه من "عُشر أوّل وعُشر ثان وعُشر الفقير"، و"الرؤية ثلاث مرّات في كلّ عام"، والفصح ولوازمه، الذي هو "قربان يهوه" لازم لكلّ "صريح من بني إسرائيل"، و"المظلّة" و"الشعنينة" و"بوق الهتاف" وما يحتاج من الآلات والأواني المقدَّسة المطهَّرة لهذه "العطايا" والقرابين، وما يحتاج هو من التطهير والتقديس ومراعاة "زاوية الحقل" و"العرله" و"قدش هلوليم".وبالجُملة، فيراعي من الأوامر الإلهية ما يمكنه أن يكون صادقًا في قوله: "لم أتجاوز وصاياك ولا نسيتها"، سوى "النذور" و"الصدقات" و"قرابين السلامة" وما يلزم نفسه من "النذر". هذه وأمثالها الشرائع الإلهية وتمام أكثرها بـ"خِدْمة الأئمّة الهارونيّين". وأمّا الشرائع السياسية فمثل "لا تقتل، ولا تزن، ولا تسرق، ولا تشهد شهادة زور، وأكرم أباك وأمك" و"أحب قريبكَ كنفسكَ وأحبوا المقيم-الغريب ولا تسرقوا ولا تكذبوا". وتجنّب "العِينَةَ والرِّبا" وتحرّى "ميزان الحقّ ووزنات حقّ وإيفة حقّ وهين حقّ" وترك "اللقاط" و"الخُصاص" و"زوايا الحقول" وما أشبه هذا.وأمّا الشرائع النفسانية كـ"أنا يهوه إلهك، و"لا يكن لك آلهة أخرى أمامي، ولا تسجد لهن"، مع زيادة ما صحّ في هذه الشريعة أنّه تعالى مشاهد مطّلع على ضمائر العباد فضلًا عن أعمالهم وأقوالهم، وأنّه يجازي على خيرها وشرّها، وأنَّ "عيني يهوه تجولان في كلِّ الأرض"، فلا يتصرّف الخيِّر ولا يتكلّم ولا يفكّر إلاّ ويعتقد أنّ بحضرته أعينًا تراه وتراقبه، وتثيبه وتعاقبه، وتنقد عليه كلّ معوّج من قوله وفعله. فهو يمشي ويجلس كالخائف والخجل المستحي من أعماله أوقاتًا، كما أنّه يفرح ويبتهج وتعظم نفسه عنده إذا أتى بحسنة، وكأنّه يمتنّ على ربّه إذا احتمل مشقّة في طاعته.وبالجملة، فهو يعتقد ويلتزم ما قيل: "تبصر بثلاثة أمور ولن تقرب للخطيئة، اعرف ما فوقك: عين ترى وأذن تسمع

وجميع أعمالك بمصحف مكتوبة". ويرى ما قال داود أصدق حُجة: "الغارسُ الأذنَ أَلا يَسمعُ؟ الصانعُ العينَ أَلا يُبصِرُ؟". وكُلّ ما قال في يهوه: "اختبرتني وعرَفتني". ويتفكّر في أنّ جميع أعضائه موضوعة بحكمة وتدبير ونظام وتقدير، ويراها مطيعة لإرادته، وهو لا يدري ما الذي ينبغي أن يتحرّك منها، مثل أن يريد القيام فيجد جماعة الأعضاء كالأعوان المطيعين قد أقامت جسده وهو لا يدري تلك الأعضاء. وكذلك، إذا أراد الجلوس والمشي وسائر النصب، وإلى هذا أشار بقوله: "أنتَ عرفتَ جلوسي وقيامي، مسلكي ومربضي ذرّيتَ، وكل طُرقي عَرَفتَ".وأكثر من ذلك وأدقّ وألطف أعضاء النطق. ترى الطفل يحكي كلّ ما يسمعه وهو لا يدري بأيّ عضو وبأيّ عضلة وبأي عصبة ينبغي أن يحكي ذلك. وكذلك آلات الصدر في ألحان الغناء، يحكيها ويحكمها وهو لا يدري بأي شيء، كأنّ خالقها يحضرها ويصرّفها له مع الأحيان في حاجته. والأمر كذلك أو قريبًا من ذلك لأنّه لا يتصوّر أمر الخلقة مثل أمر الصناعة، لأنّ الصانع يصنع رَحًى مثلًا ويغيب عنها، والرَّحَى تفعل ما له صنعت. والخالق يخلق الأعضاء ويعطيها القوى ويمدّها مع اللحظات، ولو تُوُهّم ارتفاع عنايته وتدبيره آنًا واحدًا لفسد العالم بأسره.فإذا كان الخيّر يتصوّر جميع هذا في حركاته كُلّها فكيف لا تكون حركاته كلّها قد أعطى فيها نصيبًا للخالق الذي خلقها أوّلًا، ويمدّها بمعونة دائمة في تمامها، فهو أبدًا كأنّ "السكينة" معه والملائكة تصحبه بالقوّة، وإن تقوّى في الخير، وكان في المواضع المؤهَّله "للسكينة"، صحبته بالفعل، ورآها عيانًا، دون درجة "النبوة"، كما كان أخيار "الفقهاء في البيت الثاني" يرون صورة ويسمعون "نَأْمَةً من السماءِ"، وهي درجة الأولياء، وفوقها درجة الأنبياء، فيلتزم الأخيّر من توقير الأمر الإلهيّ الحاضر معه ما ينبغي أن يلتزم العبد لمولى خلقه وأنْعَمَ عليه، وهو مراقبه ليثيبه أو يعاقبه.فلا يُستبرد قول الأخيّر قبل دخوله الخلاء "بعد إذنكم أيها المبجلون"، تأدّبًا مع "السكينة"، واعتذاره بعد الخروج "بتسبيحة الذي خلق الإنسان بحكمة"، فما أجلّ هذه "التسبيحة" في معناها وما أحكم لفظها لمن تثبّتها بعين الحقيقة، إذ قدّم أوّلًا بـ"حكمة"، وختمها بـ"مداوي الأبدان وصانع المعجزات"،

دليل على غريب ما خلقه في الحيوان من القوى، الدافعة والماسكة، وشمل جميع الحيوان بقوله: "كلّ بدن".ويربطُ نيّتَهُ بالأمر الإلهيّ بحيل، منها فرائض منصوصة ومنها منقولة، فيحملُ "التَّميمةَ" على موضع الفكر والذِكر من الرأس، ويبثّ منها شركة تصل إلى يده ليراها مع الساعات، و"تميمة اليد" على ينبوع القوى، أعني القلب. ويحملُ "الهُدْبَ" كي لا تشغله حواسّه بالدنيا، وكما قال: "ولا تطوفون وراء قلوبكم وأعينكم". والمكتوب في "التَّميمة" التوحيد والوعد والوعيد و"ذِكْرٌ للخروج من مصر"، لأنّها الحجّة لا مدفع فيها أنَّ للأمر الإلهيّ اتّصالًا بالخلق وعناية بهم وعلمًا بأعمالهم.ثمّ يُطَرّقُ في جميع محسوساته إلى إعطاء نصيب الله فيها. وقد نُقل أنَّ أقلّ المقادير التي يتخلّص الإنسان به في التسابيح هو "ماية تسبيحة" لا أقل، منها المشهورة. ثم يروم مع طول الأيام استتمامها بمشمومات ومأكولات ومسموعات ومرئيات يبارك عليهم. وكلّ ما زاد كان نافلة مقرّبة إلى الله، وكما قال داود: "فمي يُحدّثُ بعدلكَ اليوم كلّه بخلاصك لأنّي لا أعرف لها أعدادًا"، يعني أنَّ تسبيحكَ لا أحصرُه إلى عدد، بل ألزمُه طول عمري ولا أخلّي عنه دائمًا.و"المحبة" و"الخشية" لا محالة حاصلة في النفس مع هذه القرائن، ومقدّرة بتقدير شرعيّ كي لا تفرط "الفرحة في السبوت وفي الأيام الطيبة" إلى حدّ يخرج إلى اللهو والشهوات والبطالة، وتعطيل الصلوات في أوقاتها على ما يجب، وكي لا تفرط "الخشية" إلى حدّ يوئس من الغفران والصفح، فيبقى كئيبًا طول عمره، ويتجاوز ما أُمر به من "الفرحة" برزقه، كقوله: "وتبتهج بجميع الخير" فيقلّ شُكره على نِعَم الله، لأنّ الشكر يتبع "الفرحة"، فيصير كما قال: "من أجل أنّك لم تعبد يهوه إلهك بفرحة ... وعَبَدتَ أعداءَك"، وكي لا تفرط في "التَّعَصُّب" في "إنذار تُنذِرُ... الخ" ومناظرة العلم فيخرجه إلى الغضب والحقد، وتشتغل نفسه عن الصفاء في أوقات الصلوات. ويمكّن من نفسه "عدل القضاء الإلهيّ" تمكينًا يكون له جُنَّةً وحجابًا دون الرزايا والخطوب الجارية في الدنيا، إذا تمكّن في نفسه عدل خالق الحيوان ورازقه ومدبّره بحكمة لا تدرك الأذهان تفصيلها، لكن تدرك جُملتها بما ترى من إتقان الخلقة في الحيوان، وما تتضمّن من العجائب

والغرائب الدّالة على قصد حكيم وإرادة عالم قادر، حتّى جعل لما دقّ منها وما جلّ كلّ ما احتاج إليه من حواسّ باطنة وظاهرة وأعضاء، وجعل آلات مطابقة موافقة للأرواح، فصيّر للأرنب والأيل آلات الهرب وأخلاق الجبن، وصيّر للسباع أخلاق الجرأة وآلات الخلب والافتراس.فإن تفكّر في خلقة الأعضاء ومنافعها ونسبتها من الأرواح، رأى في ذلك من العدل والنظام الحكميّ ما لا يُبقي في نفسه شكًّا ولا ريبة في عدل الخالق. فإذا تعرّض شيطان الوهم ليعرض عليه الجور على الأرانب، إذ هي طعمة للسباع، والذباب للعنكبوت، ردّ عليه العقل وزجره قائلًا: كيف أنسبُ الجورَ إلى حكيم قد تقرّر عندي عدله واستغناؤه عن الجور، ولو كان صيد السباع للأرانب وصيد العناكب للذباب بالاتّفاق لقلتُ بحجّة الاتّفاق، لكنّي أرى ذلك الحكيم العدل المدبّر هو الذي يصيّر آلات الصيد للأسد من جرأة وقدرة وأنياب ومخاليب، وصيّر العنكبوت ملهمًا للحيلة، وصيّر له النسج ملكة دون تعلّم، ينسج الشباك، وصيّر له الآلات المشاكلة لهذه الصناعة، وأعدَّ له الذباب معاشًا وقوتًا، كما أعدَّ لكثير من حوت البحر قوتًا من حوت آخر، فهل أقول في هذا إنّه إلاّ لحكمة لا أدركها، وأسلّم لمن تسمّى "الصخرُ الكاملُ صنيعةُ".فمَنْ تمكّن من نفسه هذا صار كما يقال عن نحوم ابن جمزو كُلَّما نابته نائبة قال: "ذلك خير أيضًا"، فيعيش عيشًا لذيذًا دائمًا وتخفّ عليه الأحزان، بل ربّما فرح لها إذا تفطّنَ لذنب كان عليه فتمحّص بذلك كمن قضى دينه وفرح بخفيف ظهره منه، ويفرح للذخر والأجر المدفوع له، ويفرح لِمَا يُكسبُ الناسَ من الهداية للصبر والتسليم لله تعالى، ويفرحُ لِمَا له في ذلك من الثناء والفخر، هذا في الرزايا الخاصّة به، وكذلك يعمل في الرزايا العامّة إذا أخطرت وساوس الوهم على باله طول "الجلوت" وتشتّت الملّة وما وصل إليها من القلّة والذلّة تعزّى أوّلًا بـ"عدل القضاء الإلهيّ" كما قلت، ثُمّ بتمحيص الذنوب، ثُمّ بالذخر والأجر المنتظر "في الحياة الآخرة" والاتّصال بالأمر الإلهيّ "في الحياة الدنيا". فإنْ أيأسَهُ شيطانهُ من ذلك بقوله: "أَتَحيَا هذه العظامُ" لعظيم ما دثر أثرنا وغبر خبرنا، كما قيل: "ها هم يقولون يبست عظامنا ... الخ". فيتفكّر في كيفية "الخروج من مصر"، وكلّ ما يقال في

"كم مِنَ العرفانِ ندينُ للربِّ". فليس يصعبُ عليهِ كيف ننجبر ولو لَمْ يبقَ منّا إلاّ واحد، وكما قيل: "دودة يعقوب"، ما عسى أن يبقى من الإنسان إذا صار "دودة" في قبره.

12. قالَ الخَزَرِيُّ: مثل هذا يعيش في "الجلوت" عيشًا لذيذًا، ويجني ثمرة دينه في الدنيا والآخرة، ومَنْ حملَ "الجلوت" متسخّطًا يكاد أن يفسد أولاه وآخرته.

13. قالَ الحَبْرُ: وما يؤكّد لذّته ويمكّنها ويزيده لذّة على لذّة، التزام "التسبيحات" على كلّ ما يصيب من الدنيا، وعلى كلّ ما يصيبه منها.

14. قالَ الخَزَرِيُّ: وكيف ذلك و"التسبيحات" كلفة زائدة.

15. قالَ الحَبْرُ: أليس الإنسان الكامل أحقّ أن يوصَف بالالتذاذ بما يأكل ويشرب من الطفل والبهيمة، كما أنَّ البهيمة أحقّ باللذّة من النبات، وإن كان النبات في اغتذاء دائم.

16. قالَ الخَزَرِيُّ: نعم، لفضل الحسّ والشعور باللذة، فإنّه لو سيق إلى سكران كلّ ما يشتهيه وهو بحال السكر، فيأكل ويشرب ويسمع الأغاني ويجتمع مع مَنْ يحبّ وتعانقه معشوقته, ثمّ يوصَف له جميع هذا إذا صحا، لتأسّف لذلك وحسب جميعه خسرًا لا ربحًا، لِمَا لم تجئه تلك اللذّات في حال تحصيل وإحساس تامّ.

17. قالَ الحَبْرُ: فالتهيّؤ للّذّة والشعور بها وتخيّل عدمها قبل ذلك يضاعف اللذّات بها وهذا من فوائد "التسبيحات" لمَنْ التزمها بنيّة وتحصيل لأنّها تصوّر نوع اللذّة في النفس والشُكر عليها لمَنْ وهبها، وقد كان معرَّضًا لعدمها فتعظم المسرّة بها، كقولك: "الذي أحيانا وأبقانا"، وقد كنتَ معرَّضًا للموت فتشكر على حيوتك، وتراها ربحًا، ويهون عليك المرض والموت إذ حلّ، لأنّك إذًا حاسبتَ نفسكَ ورأيتَ أنّكَ مربح مع ربّك، لأنّك أهل للعدم من كلّ نعمة بطبعك لأنّك تراب، ثمّ أنعمَ عليك بالحياة

واللذّة فتشكر. ومتى صرفَها عنكَ تحمدُ وتقولُ: "يهوه أعطى ويهوه أخذ ... الخ"، فتبقى ملتذًّا طول عمرك، ومَنْ لم يلتزم هذه الطريقة فلا تظنّ لذّتة لذّة إنسانية لكن لذّة بهيمية لا يحصّلها، كما قلنا في السكران.وهكذا يحصّل الفاضل في نفسه معنى كلّ "تسبيحة"، ويتصوّر غرضها وما يتعلّق بها، فيتصوّر في "مبدع الأنوار" نظام العالم العلويّ وعِظَم تلك الأشخاص، وعظيم فائدتها، وأنها عند بارئها كأقلّ الحشرات، وإنْ عظمت في أعيننا لعظيم انتفاعنا بها. والدليل أنّها عند بارئها كما قلتُ، أنَّ حكمته وتدبيره في خلقة النملة والنحلة ليست مقصّرة عن حكمته وتدبيره للشمس وفلكها، بل أثر العناية والحكمة ألطف وأغرب في النملة والنحلة لما وضع فيها من القوّة والآلات على صغرها. يتفكّر في هذا كي لا تعظم في عينه الأنوار، فيخدعه الشيطان ببعض آراء أصحاب الروحانيات فيوهمه أنّها تضرّ وتنفع بذواتها، وليس كذلك، بل بكيفياتها كالريح والنار، فيكون كما قيل: "إنْ كنتُ قد نظرتُ إلى النور حين ضاءَ ... وغويَ قلبي سرًّا ... الخ".وكذلك يتصوّر في "محبة أبدية" اتّصال الأمر الإلهيّ بالجماعة المتهيّئة لقبوله كاتّصال النور بالمرآة الصقلة، وأنَّ الشريعة من عنده ابتداء، إرادة منه لإظهار ملكوته في الأرض كظهورها في السماء. ولم تقتض الحكمة أنْ يخلق ملائكة في الأرض بل آدميّين من مني ودم، وتتغالب فيهم الطبائع، وتتجاذب الأخلاق بحكم تضادّ الإقبال والإدبار، كما تبيّن في "كتاب المبادئ"، فمتى صفا منهم فراد أو جماعة، حَلَّهُ النور الإلهيّ ودبَّرَهُ بلطائف وغرائب خارجة عن نظام العالم الطبيعيّ، وتسمَّى ذلك منه "حبًّا وفرحًا".ولم يجد الأمر الإلهيّ قابلًا طائعًا لأمره لازمًا للنظام الذي أمره به بعد الأنوار والأفلاك إلاّ أفاضل الناس كانوا أفرادًا من لدن آدم إلى يعقوب، ثُمّ صاروا جماعة، فحلّهم الأمر الإلهيّ محبّة "ليكونَ لَهُمْ إلهًا [إلوهيم]"، ونظمهم في "الصحراء" نظام الفَلَك "أربع رايات" نحو أربعة أرباع الفَلَك، و"اثنى عشر سبطًا" نحو "اثنى عشر برجًا"، و"معسكر اللاويّين بين المعسكرات"، كما في "كتاب المبادئ"، "في وسطهم القُدُس"، "وإلوهيم حامل لهم جميعًا". وهذا كُلّه دلّ على "محبّة"، فيسبّح عليها ويتلو ذلك قبوله الشريعة بـ"قصّة

التوحيد".ثُمّ بما تضمّنه "حقّ وواثق" من وكيد المعاني لالتزام التوراة، كأنّه لمّا تبيّن له كُلّ ما تقدّم وحصّله وميّزه، عقدَ على نفسه عقدًا وأشهد شَهَدة أنّه قد التزمه، كما التزمه الآباء قبله، وكذلك يلتزمه البنون إلى غابر الدهر، كما يقول: "على آبائنا وعلينا وعلى أبنائنا وعلى أجيالنا صنيع جيّد وإطاعة العهد لا مخالفة له". ثمّ يسرد تلك العقائد التي بها تتمّ عقيدة اليهودية وهي الإقرار بربوبيّته تعالى وبأزليّته وبعنايته بآبائنا، وبأنَّ الشريعة من عنده، وبالبرهان على جميع ذلك وهي الخاتمة وهي "الخروج من مصر" بقول: "حقًّا إنّكَ يهوه إلهنا، حقًّا إنَّ اسمك أبدًا هو وعون آبائنا وحقًّا من مصر خلّصتنا".فمَن جمعَ هذه بنيّة خالصة كان إسرائيليًّا حقيقةً، وحُقَّ له أنْ يطمع بالاتّصال بالأمر الإلهيّ المتّصل ببني إسرائيل دون سائر الأمم، وكان مستأهلًا للوقوف بين يدي "السكينة"، وأنْ يسأل فيُجاب، فوجبَ أنْ "يشفعَ الخلاصَ بالصلاة" بغاية الحرص والنشاط كما تقدّم، فيقف للصلاة بالشروط التي تقدّم ذكرها "بالتسبيحات" التي تعمّ "بني إسرائيل"، لأنَّ الرغبة والدعاء فيما يخصّ إنّما هو من النوافل التي لا تلزم، وقد كان لها موضع في "سامع الصلاة" لمن شاء.فيَتصوَّر من "التسبيحة" الأولى المسمّاة "آباء" فضل "الآباء الأوائل" وثبات "العهد" من الله لهم للدهر لا يحول، بقول: "ومُرسل مخلّص لبني بنيهم"، ومن "التسبيحة" الثانية المسمّاة "جبروت" أنَّ له في هذا العالم حُكمًا مستمرًا، وليس كما يظنّ الطبيعيّون، أنّه على الطبائع التي جرّبوها، فيَتصوَّرُ أنّه "محيي الأموات" متى شاء، على بُعد ذلك عن قياس الطبيعيّين، وكذلك "باعثُ الرياحِ ومُنزلُ الأمطارِ" وغير ذلك، وفي الإراديات "مُطلق الأسرى" وغير ذلك. وقد تحقّق ذلك من آثار بني إسرائيل.فبَعدَ التأمين بـ"الآباء" و"الجبروت" التي تُخيِّلُ أنّه تعالى يتعلّقُ بهذا العالم الجسمانيّ، يُنزّهُهُ ويُقدّسُهُ ويُرفِّعُهُ عن أنْ يلحقهُ أو يتعلّق به شيء من أوصاف الجسمانيات "في تقديس اسمه" وهو "أنتَ قُدُّوسٌ". فيَتَصوَّرُ من هذه "التسبيحة" كلّ ما وصَفَتْهُ به الفلاسفة من التنزيه والتقديس بعد تصريح ربوبيّته وملكه "في الآباء" و"الجبروت"، فإنَّ بها تحقّقَ عندنا أنَّ لنا مالكًا وشارعًا، ولولاها لتشكّكنا في كلام الفلاسفة مع الدهريّين،

فوجب تقديم "الآباء" و"الجبروت" على "تقديس اسمه". وبعد هذا التعظيم يبدأ بطلب حاجته مشتملًا مع جميع "بني إسرائيل". ولا يجوز غير ذلك إلاَّ في النوافل، فالدعاء المُجاب إنّما هو لجماعة، أو في جماعة، أو لواحد يقوم مقام جماعة، وهو معدوم في وقتنا.

18. قالَ الخَزَرِيُّ: ولِمَ ذلك، أوليس الانفراد للإنسان أفضل وأصفى لنفسه وأخلى لفكره؟

19. قالَ الحَبْرُ: بل الفضل للجماعة من وجوه، أحدها أنَّ الجماعة لا تدعو في ما به فساد الأفراد. والفراد ربّما دعا في ما فيه فساد أفراد آخرين، وربّما كان في أولئك الأفراد مَنْ دعا في ما فيه فسادُه هو. ومن شروط الدعاء المُجاب، أن يكون في ما ينفع العالَم ولا يضرّه بوجه. ومنها أنَّ قليلًا ما تتمّ صلاة الفراد دون سهو وغفلة. ولذلك رُسِم لنا أن يصلّي الفراد صلاة الجماعة. نعم، وأن تكون صلاته ما أمكن في جماعة لا أقلّ من عشرة، كي يتمّ في البعض ما نقص من البعض بسهو أو غفلة، فينتظم من الجميع صلاة جامعة بنيّة خالصة، وتحلُّ البركة الجميع، وينال كلّ واحد من الأفراد نصيبه منها.فإنَّ الأمر الإلهيّ إنّما هو كالمطر يَعمّ قُطرًا ما إذا استحقّه ذلك القُطر جملة، وربّما انطوى فيه مَنْ لا يستحقّه من الأفراد، وسعدوا بشفاعة الأكثر. وبعكس ذلك، يُحرَم قُطرٌ المطرَ، لأنَّ القُطر لا يستحقّه جملة، وربّما انطوى فيه أفراد كانوا يستحقّونه، وحُرموا بحرمان الأكثر. هذه أحكامه تعالى الدنيائية. وعنده تعالى الجزاء لأولئك الأفراد في الآخرة، نعم، وفي الدنيا. وقد يعوّضهم بخير عوض، وينجّيهم بعض النجاة يتميّزون به عن جيرانهم. لكن قليلًا ما يسلمون من العقاب الشامل سلامة بتّة. ومَثَلُ مَنْ دعا لنفسه مَثَلُ مَنْ رامَ أن يُصلح على منزله وحده، ولم يُرد أن يدخل مع أهل المدينة في تعاونهم على أسوارهم، فهو ينفق الكثير ويبقى على الغرر، والذي يدخل مدخل الجماعة ينفق القليل ويبقى في أمن، لأنَّ ما قصر عنه الواحد وفى به الآخر، وتقوم المدينة على أكمل ما يمكن، ويصير أهلها قد نالوا كلّهم بركتها بنفقة يسيرة مع الإنصاف والائتلاف.ومثل

هذا يسمّي أفلاطون ما ينفق في جانب الشريعة نصيب الكلّ، فمهما أغفل الفراد نصيب الكلّ، وهو الذي تصلح به جماعته الذي هو جزء منها، وظنَّ أن يتوفرّ عليه، فقد أخطأ على الكلّ، وأخطأ على نفسه أكثر. فإنَّ الفراد في جماعته كالعضو الواحد في جُملة الجسد، لو شحّ الذراع بدمه إذا احتاج إلى الفصاد لفسد الجسد وفسد الذراع بفساده. لكن ينبغي للفراد احتمال المشقّة بل الموت بجنب مصالح الكلّ، فأوكد ما ينظر فيه الفراد هو نصيب الكلّ أن يعطيه ولا يتغافل عنه، ولمّا لم يكن يدركه القياس، فرضه الله بـ"العُشُور" و"العطايا" و"القرابين" وغير ذلك. وهو نصيب الكلّ من الأموال.وأمّا في الأعمال، فالأسبات والأعياد و"الإجمامات" و"اليوبيلات" وما جرى مجراها. وأمّا من الأقوال فالصلوات والبركات والتسابيح. ومن الأخلاق "المحبّة" و"الخشية" و"الفرحة". وأولى الطلبات بالتقديم طلبة العقل والإلهام، إذ به يصل الإنسان إلى التقرّب إلى ربّه، فقدَّمَ "أنتَ واهبُ العرفانِ لابن آدم" مقرونًا بما بعده، أعني "الراغبَ في التوبةِ"، ليكون تلك "الحكمة والعرفان والفهم" في طريق التوراة و"الخدمة"، كقوله: "يا أبانا أثبنا إلى شريعتك".ولمّا لم يكن للآدميّ بدٌّ من الزلل وجب الدعاء في الصفح عن الخطأ في علمه وعمله في "تسبيحة العفو وكثير الصفح"، ويصل بهذا الدعاء نتيجة الصفح وعلامته، وهو الفرج مّما نحن فيه، فيبدأ "انظر حالنا وخاصم مُخاصِمَنا" ويختم بـ"مُخَلِّصِ إسرائيلَ".ثُمّ يدعو في صحّة الأبدان والنفوس، ويقرن بهذا الدعاء حضور قوتَها لحِفظِ قوَّتَها في "تسبيحة السنين". ثُمّ يدعو في جمع الشمل في "جامع شمل شعبه بيت إسرائيل"، ويقرن به ظهور العدل وانتظام الحال بقول: "واحكُمنا أنتَ وحدك"، ثُمّ يدعو في نفي الخبث وقطع الشرك في "تسبيحة الخوارج"، ويقترن به الحوطة على الصفوة الخالصة في قوله "على الصَّالحين".ثُمّ يدعو في إعادة "يروشليم" وتصبيرها محلًا للأمر الإلهيّ، ويقترن به الدعاء في "مسيح ابن داود" وفرغٌ من الحاجات الدنيائية، ثُمّ الدعاء في قبول الدعاء "في سامع الصلاة". ويقترن به الدعاء في حضور "السكينة" مرئية بالعين كما كانت للأنبياء وللأولياء وللمُخرَجين من مصر فيدعو "وتترقَّبُ عيوننا" ويختمُ "مُعيدُ

سكينَتَهُ إلى صهيون".ويتخيّلُ "السكينةَ" متمثِّلَةً أمامَهُ ويسجدُ نحوها، كما كان يسجدون "بنو إسرائيل" عند رؤيتهم "السكينة"، ويركعُ ركعةَ "الحَامدين" في تسبيحة "الحَمد"، التي تتضمّن الإقرار بفضله تعالى والشكر عليه معًا. ويقرنها بـ "صانع السلام" التي هي الخاتمة، ليكون التوديع والانفصال عن حضرة "السكينة" بـ"سلام".

20. قالَ الخَزَرِيُّ: لم يبقَ لي موضع اعتراض إذ أرى جميع الأغراض مضبوطة مُحْكَمة، والذي كنتُ أَنقدَهُ وهو قلّة ما أرى في أدعيتكم من ذكر الآخرة قد حجّتني فيه بأنَّ مَنْ يدعو في الاتّصال بالنور الإلهيّ في حياته حتّى يدعو أنْ يراه بعينه ويدعو في درجة النبوّة، ولا أقرب للإنسان إلى الله منها، فلا محالة أنَّهُ قد دعا في أكثر من الآخرة، إنْ حصلَ لهُ فالآخرة حاصلة لهُ، لأنَّ مَنْ اتّصلت نفسُهُ بالأمر الإلهيّ وهي مشغولة بأعراض الجسم وآلامه، فأحرى وأجدر أن تتّصل به إذا انفردتْ وتركتْ هذه الآلات الدنسة.

21. قالَ الحَبْرُ: أزيدكَ في ذلك بيانًا بمثال: رجلٌ قَدِمَ على سلطان، فقرَّبَهُ السلطانُ تقريبًا كثيرًا، ومكَّنَهُ مِنَ الدخولِ إليهِ متى شاءَ، وكانَ هو يُدِلُّ على السلطان حتّى يُكلِّفهُ النزول عنده في منزله وحضورَ ضيافتِه فيَحضُرُ، ويرسلُ أخصَّ وزرائه إليه، ويفعلُ معهُ ما لا يفعله مع غيره. ومتى سها هذا الرجل أو أخطأ، وانقطع عنه السلطان، فإنّما يدعو ويرغب في العودة إلى العادة لينزل عنده ولا يقطعُ وزراءه من زيارته. وكان أهل البلد كُلّهم إنّما يدعون ويرغبون أن يكون السلطان إذا سافروا أنْ يُصحبهم في الطريق مَنْ يُسْلِمهُم من اللصوص والحيّات وآفات الطريق. وكانوا يثقون بأنَّ السلطان يُسعفهم في هذا، وأنّه يُعنَى بهم في سفرهم، وإنْ لم يُعنَ بهم في حضرهم. وكان يتفاخر بعضهم على بعض أنَّ السلطان يُعنَى به أكثر من غيره قياسًا منه بأنّه يُعظِّم السلطان أكثر من غيره. وكان هذا الرجل الغريب قليلًا ما يذكرُ السَّفَرَ ولا يدعو في مَنْ يشيّعه. فلمّا حان سفر هذا الرجل قال له أهل البلد: إنّك لهالك في هذا الطريق المغرور، إذ ليس لك مَنْ يُشيّعك. فقال لهم: ومَنْ ذا الذي

يُشيِّعكم أنتم؟ قالوا له: السلطان، الذي دعونا ورغبنا في تشييعه لنا منذ حصولنا في هذه المدينة، ولم نركَ أنتَ تدعو في مثل هذا أبدًا. فقال لهم: يا مجانين ومَنْ يدعوه في وقت الأمن، أليس أحرى أن يرجوه في وقت الحذر ولولم يفُهْ بذلك، وهو الذي يجيبه في وقت الرفاهية؟ أليس حقيقًا أن يجيبه أكثر في وقت الضرورة؟ وإنْ ادّعيتم عنايتَهُ بكم لتعظيمَكُم له، هل فيكم مَنْ التزمَ له التزامي، وعظّمه تعظيمي، وحملَ من المشقّة من أجل التزام أوامره حملي، وتحفّظَ من الدنس عند ذكره تحفّظي، والتزم من توقير اسمه وكتابه ما التزمته؟ وكلّ ما فعلتُهُ بأمره وتعليمه وأنتم عظّمتموه قياسًا وتخرُّصًا، ولن يضيع لكم، فكيف يفردني أنا في سفري لمّا لم أفصح بذلك إفصاحكم، لأنّي وثقت بعدله.وهذا المثل إنّما هو لمَنْ تعسَّفَ ولم يقبل من الأحبار، وإلاَّ فأدعيتُنا مملوءة من ذكر "عالم الآخرة"، الأحبار المنقول عن الأنبياء معمور بتحديد "جنة عدن" و"جهنم"، كما بيّنت لك.فقد وصفتُ لك أعمال الفاضل في وقتنا هذا، فكيف تتخيّله في ذلك الزمان السعيد وفي ذلك المكان الإلهيّ، وفيما بين أولئك القوم الذين عنصرهم إبراهيم وإسحق ويعقوب، وهم صفوتهم، مطبوعين على "التواضح" رجالًا ونساء، لا كراهة في ألسنتهم، فيتصرّف الفاضل بينهم فلا تتدنّس نفسه بكلمات فاحشة يسمعها منهم، ولا تتعلّق بثيابه وجسمه نجاسة "السيلان والحيض ودوابّ الأرض" وأموات و"البَرَص" وغيرها لالتزامهم "القدسية" و"الطهارة"، لا سيّما لمَنْ كان ساكن مدينة السكينة، فلا يَلقى إلاّ طوائف متدرّجين في "القدسية"، من "أئمّة هارونيّين ولاويّين ومنتذرين وأحبار وأنبياء وفقهاء وقضاة وشُرَط". أو يرى من الجمهور "جمهورًا معيّدًا بتَرَنُّمٍ وحَمْدٍ" في "الأعياد الثلاثة كلّ سنة"، فلا يسمع إلاّ "غناء يهوه"، ولا يرى إلاّ "عبادة يهوه"، لا سيّما إنْ كان "هارونيًّا" أو "لاويًّا" يعيش من "خبز يهوه" ويلازم "بيت يهوه" من طفوليّته، مثل شموئيل، وقد كُفي طلب المعاش، فيلتزم "خدمة يهوه" طول عمره، ما الذي تظنّ بعمله وبصفاء نفسه وبصلاح عمله؟

22. قالَ الخَزَرِيُّ: هذه درجة النهاية ليس بعدها إلاَّ درجة

الملائكة، وبحقّ يُطمَع في النبوّة بمثل هذا الالتزام، لا سيّما مع حضور "السكينة"، ومثل هذه تكون العبادة التي تُغني عن الزهادة والانقطاع. وأريد منك الآن بعض شفا فيما عندك في القرّائيّين، فإنّي أراهم مجتهدين في التعبّد أكثر من الربانيّين، وأسمع حججهم أرجح وأكثر مطابقة لنصوص التوراة.

23. قالَ الحَبْرُ: ألم نتقدّم بالقول إنَّ التحكّم والتعقّل والتخرّص في الشريعة لا يؤدّي إلى رضا الله، وإلاّ فالثنوية والدهريّون وأصحاب الروحانيات والمنقطعون في الجبال ومُحَرِّقُو أولادهم بالنار كُلّهم مجتهدون في التقرّب إلى الله، وقد قلنا إنّه لا يُتقرّب إلى الله إلاّ بأوامر الله نفسها، لأنّه تعالى يدري تقديرها وتسقيمها وأزمنتها وأمكنتها، وما يتبع هذه اللوازم التي بتمامها يكون الرضا والاتّصال بالأمر الإلهيّ، كما كان في "حدث المَسْكَن" الذي قال في كلّ صناعة منها: "وصنعَ بصلئيل تابوت العهد"، و"صنعَ غطاءً"، و"صنعَ شُقَقًا". وفي كلّ واحدة منها "كما أَمرَ يهوه موسى"، يعني بلا زيادة ولا نقصان. وليس في شيء من تلك الأعمال ما يطابق عقولنا وقياساتنا، وختمها بقول: "فنظرَ موسى جميع العمل وإذا هم قد صنعوهُ كما أمر يهوه هكذا صنعوا، فباركهم موسى". واقترن بتمامها حلول "السكينة" لمّا تمّت الأمران اللذان هما عُمُدُ الشريعة، أوّلهما أن تكون الشريعة من الله، والثاني أن تمتثل بالنيّة الخالصة من الجماعة. فقد كان "المسكن" من أمر الله، وكان عمله من قِبَلِ جميع الجماعة كقوله: "مِنْ كُلِّ مَنْ يَحُثُّهُ قلبهُ تأخذونَ تقدمتي" بغاية الحرص والرضا. فوجب تمام التنتيج التي هي "السكينة"، كما قال: "لأسكن في وسطهم". وقد مثّلتُ لك بخلقة النبات والحيوان وقلت إنَّ الصورة التي بها يتجوهر نبات دون نبات وحيوان دون حيوان ليست من الطبائع، بل أثَرٌ من الله تعالى يسمّونه العلماء طبيعة. نعم، إنَّ الطبائع تستعدّ لقبول ذلك الأثر بحسب نسبها من الحرارة والبرودة والرطوبة واليبوسة، فيصير هذا نخلة وهذا دالية، وهذا فرسًا وهذا أسدًا. وتلك النسب لا نقدر نحن على تقديرها، ولو قدرنا على ذلك لقدرنا على عمل دم ولبن مثلًا، ومَنِيٍّ، من رطوبات نقدّرُ مزاجاتها حتّى نقدرُ على خلق حيوانات تحلّها الروح، أو كنّا

نقدرُ أن نعمل ما يقوم مقام الخبز من أشياء ليست غاذية بتقديرنا الحرارة والبرودة والرطوبة واليبوسة، لا سيّما إنْ عرفنا النسب الفلكية وتأثيرها المعينة بزعم أهل النجوم في كلّ ما يُراد إظهاره في هذا العالم. وقد رأينا خزي كل مَنْ رام شيئًا من هذه الطرق من الكيمياويّين وأهل الروحانيات.ولا تعرضني بما يقتدر الناس عليه من خلق الحيوانات، مثل اتّخاذ النحل من لحم البقر والبعوض من الخمر، فإنَّ ذلك ليس من تقديرهم وعلمهم، وإنّما هو من تجاريب وجدوها، كما وجدوا الجِماع يكون عنه الولد، وليس للإنسان في تلك أكثر من وضع البزر في أرض مهيَّأة لقبوله ونجابته فيها، وتقدير النسب التي تستحقّه الصورة الإنسانية إنّما هو لمَنْ خلقها. وكذلك تقدير الملّة الحيّة المستحقّة لحلول الأمر الإلهيّ بينها إنّما هو لله وحده. فليُسمَع ذلك التقدير والتقسيط منه ولا يتعقّل على قوله، كما قال: "لا حكمة ولا فهم ولا مشورة أمام يهوه". فكيف ترى الحيلة في التشبّه بآبائنا حتّى نقتدي بهم ولا نتعقّل نحن في الشريعة.

24. قالَ الخَزَرِيُّ: لا سبيل إلى ذلك إلاَّ بنقل أخبارهم وإسناد آثارهم إنْ يوجد مَنْ يُوثَق بذلك، مِنْ جماعة إثر جماعة، لا يجوز على مثلهم الاصطلاح، من تحمّل التوراة وفروعها وشروحها من لدن موسى مصحَّحة في الصدور أو في المصاحف.

25. قالَ الحَبْرُ: فكيف ترى إنْ يوجد خلافٌ في مصحفٍ أو في مصحفين أو ثلاثة؟

26. قالَ الخَزَرِيُّ: يُنظر إلى أكثر المصاحف، فإنَّ الكثرة لا يجوز عليها الكذب، ويُترك الأفراد، وكذلك يُفعل في الناقلين، إذا اختلف الأقلّ، يُرجع إلى رأي الأكثر.

27. قالَ الحَبْرُ: فما تقول في حرف يوجد في المصاحف يخالف القياس، مثل "صادوا [تصدو] خطواتنا"، أتَرى أن يُرَدّ "ضيّقوا" [تصرو]، و"الذي لم يحمل نَفَسِي [نفشي] إلى

الباطل"، ويُرَدّ "نَفَسِهِ" [نفشو]. وغير ذلك كثير لا يُعَدّ ولا يُحَدّ.

28. قالَ الخَزَرِيُّ: إنْ أحلَلْتَ القياس على هذا وأشباهه، فقد غيّرتَ الكتبَ كُلّها، في الحروف أوّلًا، ثمّ في الكلمات، ثمّ في الصِّلات، ثمّ في التنقيط، ثمّ في الألحان وتتغيّر المعاني، وكم فَسُوق يقدر الإنسان أنْ ينقل معناه إلى الضدّ بنقل أحد هذه التوابع فكيف كُلّها!

29. قالَ الحَبْرُ: فكيف تظنّ أنّه أودع موسى كتابه عند "بني إسرائيل"؟

30. قالَ الخَزَرِيُّ: لا محالة أنّه "كتاب" ساذج خِلْو من التنقيط والألحان كما نرى "الكتب" اليوم، إذ لا يجوز الاصطلاح عليها في الجمهور، كما لا يجوز الاصطلاح على الفطير في "عيد الفصح" وسائر شرائعه التي هي "تذكير الخروج من مصر"، التي تستقرّ في نفوس "بني إسرائيل" حقيقة "الخروج من مصر" بتلك الأعمال المستمرّة التي لا يجوز أنْ يُتواطأ عليها في سنة من السنين فلا يكون عليها معترض.

31. قالَ الحَبْرُ: فلا محالة أنّه كان محفوظًا في الصدور بالفتحة والضمّة والكسرة والإمالة و"السكون" والألحان، في صدور "الأئمّة الهارونيّين" لحاجاتهم إلى "العبادة" "ولتعليم بني إسرائيل"، وفي صدور الملوك لما ورد عليهم "فتكون معه ويقرأ فيها كلّ أيام حياته"، وفي صدور "القضاة" لحاجتهم إلى الأحكام، وفي صدور السنهدرين لحاجتهم إليها فيما قيل: "فاحفظوا واعملوا لأنَّ ذلك حِكمتُكُم وفَهمُكُم"، وفي صدور الأتقياء "لأجل بلوغ أجر"، وفي صدور أهل الرياء لطلب الاستظهار، فوضعوا "السبعة ضوابط والألحان" علامات لتلك الهيئات التي حملوها نقلًا عن موسى عليه السلام. فما الذي تظنّ بالذين ضبطوا "الكتاب المقّدس" بالفواسيق أوّلًا، ثُمّ بالتنقيط، ثُمّ بالألحان، ثُمّ "بالتعاليم"، مع تحصيل "الكامل" و"الناقص" حتّى عدّوا حروفها وصحّحوا أنَّ "واو غحون"

قاسمة التوراة، وتحصيل كلّ ما شذّ من "ضمّة كبرى" [قمص] و"فتحة كبرى" [فتاح] و"كسرة كبرى" [تصري] و"فتحة صغرى" [سيغول] خارجًا عن القياس. أَتَرى في عملهم فضول وبطالة أم اجتهاد في واجب؟

32. قالَ الخَزَرِيُّ: بل اجتهد في واجب مع الحياطة على الشريعة كي لا يتطرّق إلى تغييرها مع العلم البارع، إذ يظهر من وضع التنقيط و"الألحان" نظام لا يصدر إلاّ عن علم مؤيَّد لا يناسب علومنا بوجه. وليس يمكن أن يصير مقبولًا من الجمهور إلاّ عن جُملة مُرتَضينَ، أو واحد مرتضًى، وليس يمكن أنْ يقبل جمهور من واحد إنْ لم يكن نبيًّا أو مؤيَّدًا بأمر إلهيّ، لأنَّ العالِم الغير مؤيَّد يدّعي مَنْ قاربه في علمه أن يعمل مثل عمله.

33. قالَ الحَبْرُ: فالتقليد إذًا واجب علينا وعلى القرّائيّين وعلى كلّ مَنْ يقرُّ أنَّ هذه التوراة الموجودة المقروءة على هذه الهيئة هي توراة موسى عليه السلام.

34. قالَ الخَزَرِيُّ: هكذا يقول القرّائيّون، وأمّا بعد حصول التوراة تامّة، فَهُمْ غِنًى عن التقليد.

35. قالَ الحَبْرُ: فسبحان الله فهذا "كتاب" موسى عليه السلام الساذج احتيج في ألفاظه والنطق به من التقليد إلى كَمْ طائفة من منقِّط وملحِّن و"مفرز" و"واضع التعاليم"، فكم بالحَرَى احتيج في معانيه، إذ المعنى أكثر اتّساعًا من الألفاظ.أترى إذ قال لهم: "هذا الشهر يكون لكم رأس الشهور" مثلًا، لم يتشكّك الناس هل أراد شهور القبط، وهم المصريّون الذين كانوا بينهم، أم أراد شهور السوريانيّين الذين كانوا قوم إبراهيم في أور كسديم، وهم الكسدانيّون، أم شهورًا شمسية، أم قمرية، أم السنين القمرية، بحيث يوفّقها مع السنين الشمسية، كما جاء في علم "التكبيس". وددت أن يقنعني القرّائيّون في الجواب على هذا ومثاله فأرجع إلى مذهبهم، فإنّي محبّ في الاجتهاد. وأن يقنعوني إذا سألتهم عمّا يحلّ به الحيوان ما معنى "الذبيحة"،

ولعلّه نحر وقتل كيف ما اتّفق، ولِمَا ذا حُرِّمَت "ذباح الأقوام"، وما الذي بين ذباحه وسلاخه وسائر صنعته؟ وودِدت أنْ يبيّن لي الشحم المُحرَّم وهو متّصل بالحلال في الماسريقا والمبعر وغير ذلك من تنقية اللحم، ويعطيني الحدّ الذي بين الحلال والحرام بحيث لا أختلف فيه مع صاحبي. وكذلك الأليَّة المحرَّمة عندهم هل لها حدّ؟ ولعلّ واحدًا يعزل طرف الذنب وَحدَهُ وآخر يعزلُ القِطْنَةَ بأسرها. وودِدت أن يبيّن لي الطائر الحلال من الحرام حاشى المشهورين، أعني "الحمامة واليمامة"، ومَنْ له ألاَّ تكون الدجاجة والأوزّة والبراكة والحجلة من "الدَّنِسة". ووددت أن يعطيني حدود "لا يخرج أحد من مكانه"، إنْ كان بيتَهُ أو دارَهُ أو مُلكَهُ، إنْ كانت له دور كثيرة، أو دَرْبَهُ أو رُبُضَهُ أو مدينته أو تخم مدينته، إذ لفظة "مكان" يشترك بهذه وأكثر منها. ووددتُ أن يرسم لي حدّ "الصناعة" المحظورة في السبت، وما الذي يمنع من القلم والمحبرة لتصحيح التوراة، ويبيح رفع "الكتاب" الثقيل والمائدة وسائر المطاعم، وإطعام الضياف، وتكلّف كلّ ما يتكلّف المضيف لضيافه، وهم في راحة وهو في عذاب، وأكثر من ذلك خدمه ونساؤه، وقد قيل: "ليستريح عبدكَ وأمتكَ مِثلكَ"؟ وبما ذا يحرَّم ركوب خيل "الأقوام" في السبت، وبما ذا تحرَّم التجارة؟ ووددت أن يحكم بين خصمين من "فصل: وها هي الأحكام" و"فصل: وتخرج إلى الحرب". وأجلى ما في التوراة مُشكِل، فضلًا عن المُشكِل، لأنَّ التعويل إنّما كان على التوراة "الشفاهية". ووددت أنْ أرى فتاويه وأحكامه في جميع المواريث من "قصّة بنات صلفحاد" بل كيفية "الختان" و"الهُدَّاب" و"المظلّة". ويبيّن لي مِن أين لزمتْه صلاة الله؟ ومن أين اعتقد أنَّ ثمّ ميعادًا ووعيدًا وثوابًا وعقابًا بعد الموت؟ وكيف يقضون في الشرائع المتنافية كالـ"ختان" مع "السبت"، و"الفصح" مع "السبت"، "أيّهما يُغَلَّب على الآخر"؟، وغير هذا ممّا يطول ذكره جُملة فكيف تفصيله. هل سمعتَ يا ملك الخزر عن تأليف للقرّائيّين في شيء ممّا ذكرتُ مُسنَدًا مقبولًا مقلَّدًا لا اختلاف فيه بينهم من ""تعاليم" أو من تنقيط أو من ألحان أو من "ممنوع" و"مسموح به" أو من أحكام؟

36. قالَ الخَزَرِيُّ: لم أرَ ولا سمعتُ عنهم، لكنّي أراهُم مجتهدين.

37. قالَ الحَبْرُ: ذلك ممّا قلته لك من التعقّل والتحكّم والمتعقّلون في العبادة "لِمَلِكَةِ السماوات" أكثر اجتهادًا من "مُقيم عبادة يهوه" المأمور بها، لأنَّ هؤلاء قد استراحوا بتقليدهم، واطمأنَّت نفوسهم كالمتصرّف في المدينة، فلم يتأهّبوا لمناقضة مُناقض، وهؤلاء كالماشي في القفار لا يدري ما يلقى، فهو مستعدّ بسلاح متأهّب لقتالٍ، مُعَلَّم للحرب مُدرَّب فيها. فلا يُعجبكَ ما تراهُ من حزمهم، ولا يُكْسِلُكَ ما ترى من تراخي المقلِّدين، أعني الربانيّين، فإنَّ أوئك طلبوا حصنًا يتحصّنون فيه، وهؤلاء راقدون مُتودَّعون في فرشهم في مدينة حصينة قديمة.

38. قالَ الخَزَرِيُّ: كلّ ما قُلتَه لازم، لأنَّ الشريعة حثّت أنْ تكون "توراةٌ واحدةٌ وقضاءٌ واحدٌ"، وبحسب قياساتهم تكثر الشرائع بحسب قياس كلّ واحد منهم. نعم، الواحد لا يبقى على شرع واحد لأنّهُ يَظهرُ إليه في كلّ يوم رأي جديد ويزيد علمه، ويلقى من يردّه بحجّة فيجب أن ينتقل بانتقال الرأي. فإنْ وجدناهم متّفقين، فلنعلم أنّهم مقلّدون لواحد أو لجماعة تقدّمتْهم، فيجب أنْ نُنكر عليهم الاتّفاق، فنقول لهم كيف اتّفقتم في شريعة كذا والرأي يترجّح في كلام الله إلى وجوه كثيرة! فإنْ قالوا إنَّ هكذا كان يعتقدُ عنان أو بنيامين أو شاؤول أو غيرهم، لزمتْهم حجّة التقليد لمِنْ هو أقدم وأوْلى بالتقليد، أعني "الفقهاء" لأنهم جماعات، وأولئك أفراد، وقياس "الفقهاء" مُسنَد إلى نقل عن الأنبياء، وأولئك قياس مجرَّد فقط، و"الفقهاء" متّفقون، وأولئك متخالفون، و"الفقهاء" أقوالهم: "مِنْ ذلك المكان الذي يختاره يهوه"، ولو كان حكمهم من مجرَّد قياسهم لوجب قبوله، وأولئك ليسوا هكذا.ويا ليت شعري ما ذا جوابهم في مسألة "هذا الشهر"، وأرى عملهم تابعًا للربانيّين في "تكبيس آذار بآذار". ثمّ يعترضون عليهم عند رؤية هلال "تشري" كيف صمتم صوم "الغفران" في التاسع من "تشري". ألاَ يختزون وهم لا يدرون هل ذلك الشهر "ألول" أم "تشري" إذا كبسوا، وهل هو "تشري" أم "مرحشون" إذا لم يكبسوا، فهلاّ قالوا: أنا الغريق

فما خوفي من البلل. نحن لا ندري هل الشهر "تشري" أو "مرحشون" أو "ألول"، فكيف نعترض على من نتبع آثارهم ونتعلّم منهم هل تصومون في التاسع أو العاشر من أيام الشهر.

39. قالَ الحَبْرُ: إنَّ شريعتنا مربوطة بـ"شريعة لموسى من سيناء" أو مِنَ "المكان الذي يختاره يهوه"، "لأنَّ مِنْ صهيونَ تَخرُجُ الشريعةُ ومِنْ أورشليمَ كلمةُ يهوه"، بحضرة "قضاة وشرطيّين وأئمّة هارونيّين وسنهدرين"، ونحن مأمورون بالطاعة للـ"قاضي" المُفوَّض في كلّ جيل، كما قال: "واذهب [إلى الأئمّة الهارونيّين اللاويّين] وإلى القاضي الذي يكونُ في تلك الأيام، واسأل فيخبروكَ بأمرِ القضاءِ، فتعملُ حسبَ الأمرِ الذي يخبرونكَ بهِ مِنْ ذلك المكانِ الذي يختارهُ يهوه، وتحرصُ أنْ تعملَ حسبَ كلِّ ما يُعَلِّمونَكَ". ثمّ: "والرجلُ الذي لا يعملُ بسوء نيّة، فلا يَسمعُ للكاهنِ [الواقفِ هناكَ ليخدمَ يهوه إلهكَ، أو للقاضي]، يُقتلُ ذلكَ الرجلُ، فتَنتزِعُ الشَّرَّ مِنْ بينك". قَرَنَ عصيانَ "الكاهن والقاضي" بأعظم الجنايات في قوله: "فتَنتزِعُ الشَّرَّ مِنْ بينك". وأتبعه: "فيسمعُ جميعُ الشعبِ ويخشون ولا يطغونَ بعدُ".مهما النظام باق من "العبادة" والسنهدرين وسائر الطوائف التي بهم يتمّ النظام ويتّصل بهم الأمر الإلهيَ لا محالة، إمّا بنبوّة وإمّا بتأييد وإلهام، كما كان في "البيت الثاني". ولا يجوز على مثل أولئك تواطؤ ولا اصطلاح. وبذلك لزمت شريعة "الدَّرْج" و"السهام". وشريعة "الأنوار". وجاز أن نقول: "وأوصينا بقراءة الدَّرْج" "وإشعال نار الأنوار" "وإتمام الهليل" و"القراءة" "وغسل اليدين" و"فريضة المخالطة" وغير ذلك. ولو كانت سننًا خرجت بعد "الجلوت"، لَما تسمّتْ فرضًا ولا لزمتنا "تسبيحة"، لكن يقال فيها إنّها "حكم" أو "عرف".فأكثر شرائعنا مُسنَدة إلى موسى "شريعة لموسى من سيناء". وهكذا ينبغي أن يكون قوم كُفوا مؤنة المعاش أربعين عامًا، ومؤنة اللباس والمسكن، وهم من الكثرة حيث هم، وموسى حاضر معهم، و"السكينة" لا تبارحهم، وقد أَمرهم بجُمل شرائع، أليس من المحال ألاّ يسألوا في جزئياتها مع الأحيان وينقلوا تفسيرها وتفصيلها. وقد نرى "وأعرّفهم أحكام إلوهيم وشرائعه". وهو قد قال لهم آخِرًا: "لأنَّ

ذلك حِكمَتُكُم وفَهمِكُم أمامَ أعيُنِ الشُّعوبِ الذينَ يسمعونَ كُلَّ هذه الأحكامِ، فيقولونَ: هذا القومُ العظيمُ إنّما هو شَّعبٌ حكيمٌ وفَطِنٌ".فمَن شاءَ أنْ يُكَّذبَ هذا الفَسُوق فينظر إلى القرّائيّين، ومن شاءَ أنْ يُصدِّقَهُ فينظر علوم المشناه والتلمود، وهي قليل من كثير، من العلوم الطبيعية والإلهية والرياضية والفلكية، فيرى أنَّه يَحقّ لهم الفخر على جميع الأمم بعلومهم. وبعض شرائعنا من "المكان الذي يختاره يهوه" بالشروط المذكورة.وقد صحبت النبوّة "البيت الثاني" نحو أربعين عامًا. وقد أثنى إرميا عليه السلام في نبوّته على أهل "البيت الثاني" وعلى خيرهم وعلمهم ودينهم. فإنْ لَمْ نقلّد أولئك فمَنْ نقلِّد.وقد نرى ما شُرِّعَ بعد موسى وصارت شريعة مَثَل سليمان إذ قدَّسَ "صحنَ البيت"، وعملَ "المحرقات" في غير "المذبح"، وعملَ "العيد سبعة أيام وسبعة أيام". وما رتّب داود وشموئيل من نظام "المُغنّون" في "البيت"، وصار شرعًا مستمرًا. وما عمل سليمان في المِشْكَنَةِ، وما اختصر ممّا كان عَمِلَهُ موسى في "الصحراء". وما كتب عزرا لجماعته في "البيت الثاني" من "ثُلُث شاقل". وما أقاموا مقام "تابوت العهد" "مصطبة" وعلّقوا أمامها "الحجاب" لمّا علموا أنَّ "تابوت العهد" مدفونٌ هناك.

40. قالَ الخَزَرِيُّ: كيف يستقيم هذا مع "لا تزد عليه ولا تنقص منه"؟

41. قالَ الحَبْرُ: إنّما قيل هذا للجمهور كي لا يتعقّلوا ويتحكّموا ويضعوا لأنفسهم شرائع من قياساتهم كفعل القرّائيّين، ويحثّ على القبول من الأنبياء بعد موسى عليه السلام، ومن "الأئمّة الهارونيّين" و"القضاة"، كما يقول في "النبي": "أُقيم لهم نبيًّا ... فيُكَلِّمُهُم بكُلِّ ما أُوصيهِ بهِ". وقال في "الأئمّة الهارونيّين والقضاة" أنْ يكون حكمهم مطاعًا، فصار قول: "لا تزيدوا على الكلام الذي أنا أوصيكم به ولا تنقصوا منه ... الخ"، يعني ما أمرتُكم به على يدي موسى وما أُمرتُكم به على يد "نبيّ من وسطك من إخوتك" على الشروط المُثبِتة للنبوّة، أو ما اتَّفقَ عليه "الأئمّة الهارونيّين والقضاة من المكان الذي يختاره

يهوه"، فإنّهم مؤيَّدون بالـ"سكينة"، ولا يجوز عليهم اصطلاح على ما يخالف الشريعة لكثرتهم، ولا يجوز عليهم الوهم لعلمهم الواسع الموروث والطبيعيّ والمُكتسَب لِما نقلوا عن السنهدرين مُكلَّفون تحصيل جميع العلوم ولا سيّما وقليلًا ما فارقتْهم النبوّة أو ما يقوم مقامها من "نَأْمَةٍ من السماءِ" وغير ذلك. فهَبْ أنّا نُسلّم للقرّائيّين في ما يعترضون علينا من مفهوم لفظ "[ثمّ تحسبون لكم] من غدّ السَّبت [مِنْ يوم إتيانكم بحزمةِ التَّرديد سبعة أسابيع تكون كاملة] إلى غدّ السَّبت [السابع تحسبون خمسين يومًا] " أنّهُ من الأحد. ثمّ نقول إنَّ أحدَ "القضاة"، أو "الأئمّة الهارونيّين" أو الملوك المرضيّين مع رأي السنهدرين وجميع "الفقهاء"، رأى أنَّ الغرض من ذلك العدد إنّما هو تصيير خمسين يومًا بين "بواكير حصاد الشعير وبواكير حصاد الحنطة"، ومراعاة "سبعة أسابيع" التي هي "سبعة سبوتات تامّة"، فأعطانا مثلًا بأوّل يوم من الجمعة قائلًا: إنْ كان الابتداء "من ابتداء المنجل في الزرع" من يوم الأحد فتنتهون إلى يوم الأحد، لنقيس منه أنَّه إنْ كان الابتداء من يوم الاثنين فإلى يوم الاثنين "من ابتداء المنجل" مخلّىً إلينا متى رأينا أنّه يصلح ابتدأنا به وعددنا به، فرتّب ذلك أنْ يكون ثاني يوم "الفصح"، ولا يكون في ذلك نقض للتوراة، ووجب التزامه شريعة إذ كان "من المكان الذي يختاره يهوه" بالشروط المذكورة، وعساه كان بوحي من الله تعالى والأمر ممكن. ونتبرّأ من تشغيب المشغّبين.

42. قالَ الخَزَرِيُّ: لقد قطعتَ يا حَبْرُ بهذه الكُلّيات التي لا أقدر أنْ أُنكرها عن جزئيات كانت في نفسي من حجج القرّائيّين كنتُ أظنُّ أن أُفْحِمُكَ بها.

43. قالَ الحَبْرُ: إذا صحّت الكُلّيات فلا تبال بالجزئيات، فكثيرًا ما يدخلها الوهم ثمّ لا نهاية لها، لأنها تتشعّب ولا ينفكّ المتناظران من شَغَبِها، وهذا كمَنْ تقرَّرَ عنده عدل الخالق وأنَّ حكمته شاملة فلا يلتفت إلى ما يظهر في الدنيا من الجور. وكما قال: "إنْ رأيتَ ظُلْمَ الفقيرِ واغتصاب الحقِ والعدلِ في البلادِ فلا تَرْتَع من الأمرِ". وكمَنْ صحَّ عنده بالبرهان بقاءَ النفس بعد

فناء الجسد وأنّها ليست جسمية ولكن جوهر مفارق للجسد كالملائكة، فلا يلتفت إلى ما يعترضُهُ الوهمَ من عدم أفعال النفس عند النوم وعند المرض المُستَغْرِقُ للفكرِ ومن اتّباعها لمزاج البدن وغير ذلك من الأفكار المُشغّبة.

44. قالَ الخَزَرِيُّ: مع هذا لستُ أقنع حتّى أتشفّى من مناظرتك بالجزئيات، وإنْ كان عليَّ في ذلك نقد، بعد إقراري بالكلّيات التي أورَدْتَها.

45. قالَ الحَبْرُ: قُلْ ما شئت.

46. قالَ الخَزَرِيُّ: أليسَ القصاص بيّنًا في التوراة، في قوله: "عينٌ بعينٍ وسنٌ بسنٍ، كما أحدثَ عيبًا في الإنسانِ كذلك يحدثُ فيه"؟

47. قالَ الحَبْرُ: ألم يقل أَثَر ذلك: "ومن أماتَ بهيمةً يُعوِّضُ عنها نفسًا بنفسٍ"، أليسَ هذا ألدِّية، وهلاَّ قال مَنْ قتلَ فرسكَ اقتل فرسهُ، لكن قال خُذ فرسه، إذ لا منفعة لك في قتل فرسه وكذلك من قطع يدك فَخُذ ديَّة يده، إذ لا منفعة لك في قطع يده. لا سيّما وينطوي في هذه الأحكام ما يناقضه العقل مِن "وجُرحًا بجرحٍ، ورَضًّا بِرَضٍّ". كيف لنا تقدير ذلك، وربّما مات أحدهما من جرحه ولم يمت الآخر من مثلها. وكيف لنا حتّى تُخرَص مثلها؟ وكيف نقلعُ عينَ أعور في حقّ مَنْ كانت لهُ عينان، فيبقى الواحد أعمى والآخر أعور. والتوراة تقول: "كما أحدثَ عيبًا في الإنسانِ كذلك يحدثُ فيه". وما ضرورتي أنْ أُناظركَ في هذه الجزئيات بعد تقديمي ضرورة التقليد مع صدق المقلّدين وجلالتهم وعلمهم واجتهادهم.

48. قالَ الخَزَرِيُّ: مع هذا لقد يعجبني تحفّظهم من النجاسات.

49. قالَ الحَبْرُ: "الدنس والمقدّس" معنيان متضايفان، لا يوجد أحدهما إلاَّ بوجود الآخر، فحيث لا "مقدّس" لا "دنس"، لأنَّ معنى "الدنس" إنّما هو أمر يُحرّم على صاحبه الدنوّ بشيء

من أمور "المقدّس" ممّا يُؤَهَّل لله، كالـ"أئمّة الهارونيّين" ومآكلهم وملابسهم و"العطايا" والقرابين و"البيت المُقدّس [الهيكل]" وغير ذلك كثير. وكذلك معنى "المقدّس" أمر يُحرّم على صاحبه الدنوّ بأمور كثيرة مشهورة. وأكثر ذلك متعلّق بحضرة "السكينة"، وقد عدمناها، وما عندنا من تحريم مباشرة "الحائض" و"الواضعة" ليس من قِبَل "الدنس" لكن شريعة مجرَّدة من الله. وكذلك ما عندنا من إبعاد مؤاكلتها والاسترهاب من قربها إنّما هي تحظيرات وسياجات كي لا تكون طُرقة لمباشرتها.وأمّا فرائض "الدناسة" فساقطة عنّا لأنَّا في "بلاد دنسة وهواء دنس" فضلًا عن كلّ ما نتصرّف فيه من القبور و"الدبيب" و"البُرْص" و"السيلان" والأموات وغير ذلك. وكذلك تُحرَّم علينا "المَيْتة" وليس مِنْ قِبَل نجاستها، لكن شريعة مجرَّدة في تحريم "المَيْتة". وشرط "الدناسة" زائد. ولولا قولهم: "عزرا وَضعَ حكم اغتسال أصحاب الغوط" لما لزم لزومًا شرعيًّا لكن لزوم "طهارة" وتنظيف. فإنْ كان التزامهم هذا لمعنى التنظيف فلا بأس بذلك، من غير أن يلزموه شرعًا، وإلاّ فقد حصلوا متحكّمين عن جهل منهم ومغيّرين في الشرع ومسبّبين للـ"خروج"، أعني شتات المذاهب الذي هو أصل فساد الملّة وخروجها عن "توراةٌ واحدةٌ وقضاءُ واحدٌ".فإنَّ كلّ ما نُسَهِّلُ نحن مِنَ "التلامس"، وإنْ كان سمجًا، يَسهُلُ بجنب ما يسبّب رأيهم من "الخروج"، حتّى يكون في دار عشرة أناس بعشرة مذاهب. فإنْ لم تكن الشرائع عنده مضبوطة إلى حدود لا تتجاوزها لم يثق أنْ يُدخِل فيها ما ليس منها ويُخرج عنها بعض ما فيها، لأنّه يأخذ بقياسه وذوقه فيَسْهُل على القرّائيّ "متعة عبادة آلهة غريبة" من ذهب وفضّة وبخور وخمر. وفي الحقيقة أنَّ الموت دون ذلك أجود. ويصعب عليه أنْ ينال من الخنزير ولو في دواء وهو في الحقيقة من "الخطايا" الخفيفة يلزم فيها "الجَلْدِ". وكذلك كان يَسْهُل على "المُتَنَذِّر" أكل الزبيب والعنب أكثر من السُكْرِ من نبيذ العسل أو نبيذ التفّاح. وفي الحقّ ضدّ هذا، إذ التحريم إنّما هو لِمَا خرج من الدالية فقط، وليس الغرض تحريم السُكْرِ كما يقع في الظنّ، بل السرّ هو في علم الله وعلم أنبيائه وأوليائه. ولا يمكن تجهيل الناقلين والقياسيّين في هذا، لأنّ لفظة "سكر"

مشهورة معلومة. ونقلوا أنَّ "نبيذ وسكر" المقول في "الأئمّة الهارونيّين" يقتضي أنواع المُسْكِر كُلّها. وأنَّ "نبيذ وسكر" المقول في "المُتَنَذِّر" إنّما هو عن عصارة العنب فقط.فللشرائع حدود مستقصاة في العِلْم وإنْ سمجت عند العَمَل. والمتحريّ يتجنّبها من غير أن يحرّمها، مثل "لحم حيوان مريض" الذي هو مباح، لأنّا لسنا على ثقة من موت ذلك الحيوان، ولقائل أن يقول إنّهُ سيَبرأ فيحلُّ. و"فريسة" من حيوان ظاهر الصحّة محرَّم لأنَّ به علّة قاتلة، ولا بدّ لا يمكن أن يعيش بها ولا أنْ يبرأ منها فحُرِّمَ.وعند الذوق والتعقّل تأتي هذه الأحكام بالعكس، فلا تتبع ذوقك وقياسك في فروع الشرائع فتوقعك في شكوك تدعو إلى "الخروج". ولن تتفق مع صاحبك في شيء منها، فإنَّ لكلِّ واحد من الناس ذوقًا وقياسًا. وإنّما ينبغي أنْ تنظر إلى الأصول من المنقول والمكتوب والقياسات المستعملة بالقانون المنقول لردّ الفروع إلى الأصول. فما أَخرَجَتْكَ إليه فاعتقدْه ولو نافَرَهُ وهمُكَ وظنُّكَ، كما ينافر الظنُّ والوهمُ عدم الخلاء، والقياسات العقلية قد نفت الخلاء، وكما ينافر الظنُّ إمكان التقسّم للجسد إلى ما لا نهاية، والقياس العقليّ يوجب ذلك. وكما ينافر الوهم كُريّة الأرض وكونها جزءًا من ماية وستّين من قرصة الشمس. وكلّ ما في براهين الهيئة من ما ينافره الوهم، فكلّ ما أحلّ العلماء لم يكن لذوق ولا لما يظهر إليهم ببادي الرأي، بل بنتائج العلم الموروث والمنقول عندهم.وكلّ ما حرَّموا كذلك، فمَنْ عجزَ عن علمهم يأخذ كلامهم بالذوق أنكر عليهم، كما تنكر العامّة أقوال الطبيعيّين والفلكيّين. وهم إذا تقصّوا حدود الفقه وأعطوا الحلال والحرام محض الفقه، عرضوا عليك ما يسمج من تلك الحدود، كما يسمّجون أكل "لحم حيوان مريض"، وأخذ مال بحيل فقهية، واستعمال السَفَر في السبت بحيل من "المخالطة"، واستحلال النساء بحيل يحلّ بها الزواج، وحلّ الأيْمان والنذور بأصناف "الحيل الشرعية" التي يجوّزها النظر الفقهيّ مجرَّدًا عن الاجتهاد الدينيّ، والأمران يُحتاج إليهما معًا، لأنّك إنْ أفردتَ النظر الفقهيّ جاز في حدوده أنواع من التحيّل لا يمكن ضبطها، وإنْ تركتَ الحدود الفقهية التي هي سياج الشريعة، وعوّلت على الاجتهاد، كان سببًا للـ"خروج" وتلف الكلّ.

50. قالَ الخَزَرِيُّ: أمّا هكذا فإنّي أقرّ للربانيّ الذي يجمع هذين الوجهين بفضله على القرّائيّ في الظاهر والباطن، ويحصل مع هذا طيّب النفس على شريعته لأنّها منقولة عن أسناد موثوقين، بأنَّ علمهم من عند الله تعالى، فإنَّ القرّائيّ لو بلغ اجتهادُه ما بلغ، فإنّه لا تطيب نفسه، إذ يدري أنَّ اجتهاده تقايُس وتحكّم، فلا يثق أنَّ عمله ذاك هو المرضيّ عند الله تعالى، ويدري أنَّ في الأمم كثيرًا مَنْ يجتهد أكثر مِن اجتهاده. لكن بقي عليّ مساءلتك في "المخالطة" وهي رخصة في شريعة السبت، كيف يستحلّ ما حظره الله تعالى بتلك الحيلة الهيّنة الهجينة.

51. قالَ الحَبْرُ: وعياذنا بالله تعالى أنْ يتّفق جماهير فضلاء وعُلماء على ما يحلّ عُروة من عُرى شريعة الله تعالى. بل هم الذين يؤكّدون ويقولون: "وحوّطوا التوراة بسياج". ومن جُملة السياجات التي سيّجوا أنْ حرّموا "الإخراج والإدخال من حوزة فرد إلى حوزة جماعة" وبالعكس، ما لم تُحرِّم ذلك التوراة. ثمّ طرّقوا في ذلك السياج طرقة الرخصة، كي لا ينزل اجتهادهم بمنزلة شريعة، وكي يكون مرفقًا للناس في التصرّف، ولا ينالوا ذلك المرفق إلاّ بإذن، والإذن هو عمل "المخالطة"، ليكون إمازة بين المباح جُملة وبين السياج وبين المحظور.

52. قالَ الخَزَرِيُّ: لقد أقنعني هذا، لكنّي لم يقوَ عندي صناعة "المخالطة" حتّى تكون تؤلّف بين "حوزتيْن اثنتيْن".

53. قالَ الحَبْرُ: إذًا فلم تقوَ عندك الشريعة كُلّها، أيَقوى عندك استحلال المال والمِلك والأهل والعبيد بأخذ "طقَس التَمَلُّك" و"الوصية"، وتطليق المرأة وتحريمها بعد كونها حلالًا بقول: "ارسموا واختموا وامنحوا التطليق" وإباحتها بعد تحريمها بقول: "تكونين لي مُقدّسة"، وكلّ ما في "توراة الأئمّة الهارونيّين" مما يتعلّق تمامه بعمل ما أو كلام ما و"برص الثياب والدار" المتعلّقة بقول "الإمام الهارونيّ": "نجس" أو "طاهر". وجميع المِشْكَنَةِ، إنّما تعلّقت "القداسة" فيها "بإقامة

موسى مسكن يهوه" و"المسحة بزيت المسحة". وكذلك "الأئمّة الهارونيّين" إنّما تعلّقت "القداسة" بهم بالـ"مِلء" و"الترديد". و"اللاويّيون" بالـ "طهارة" و"الترديد"، وتطهير "الدَّنِسين من ماء الحيض" التي هي "رماد بقرة وزوفًا وقِرمِزًا"، و"تطهير الدار بعصفورين حيّين" وتلك الصناعة، وغفران الذنوب في "يوم الكَفَّارة". وتطهير القدس من "الدنس بتَيْس الخطيَّة" مع الأعمال المقترنة به. وبركة "بني إسرائيل" برفع هارون يديه، والتكلّم بقول "يُبارَكُ يهوه".وكان يحلّ مع كلّ فعل من هذه الأفعال الأمر الإلهيّ، لأنَّ أعمال الشريعة كالأكوان الطبيعية جميعها مقدّرة من عند الله تعالى، وليس تقديرها في قدرة بشريّ. كما ترى الأكوان الطبيعية جميعها تُقدَّر وتَتّزن وتَتناسب في امتزاجها من الطبائع الأربع، فبأيسر أمر تتمّ وتتهيّأ وتحلّها الصورة التي تستحقّها من حيوان ونبات، ويحصل لكلّ مزاج الصورة التي يستأهلها وبأيسر شيء يفسد. ألاَ ترى البيضة يُفسدها أقلّ عرض من حرّ مفرط، أو برد أو حركة، فلا تقبلُ صورة الفروج، ويتممّها تسخين الدجاجة لها ثلاثة أسابيع فتحلّه الصورة على الكمال. فمَنْ ذا الذي يقدر أن يُقدّر الأعمال حتّى يحلّها الأمر الإلهيّ إلاَّ أنْ يكون الله وحده.وفي مثل هذا ضلّ الكيماويّون والروحانيّون. أمّا الكيماويّون فزعموا أنّهم سيقدّرون النار الطبيعية بأوزانهم حتّى تُكوِّن لهم ما يريدون، وتقلبُ لهم الأعيان، كما تفعل نار الحرّ الغريزيّ في الحيوان الذي يقلب الغذاء دمًا ولحمًا وعظمًا وسائر الأعضاء، فيرومون إيجاد مثل هذه النار. وغلّطتهم تجارب وجدوها بالاتّفاق لا مِن تقديرهم، كما وُجد الإنسان يتكوّن من وضع المني في الرحم.والروحانيّون لمّا سمعوا من لدن آدم إلى بني إسرائيل ما كان ينقضي لهم بالقرابين من ظهور الآثار الإلهية، ظنّوا أنَّ الابتداء إنّما هو من التحذّق والبحث، وأنَّ الأنبياء إنّما كانوا عُلماء متحكّمين يدبّرون تلك الغرائب بقياسهم، فطمعوا أنْ يقدّروا هم أيضًا قرابين في أوقات معلومة وأرصاد نجومية بحسب ما أدّى إليه قياسهم مع أعمال وبخورات، حتّى عملوا مصاحف للكواكب وغير هذا ممّا يُحرَّم ذكره. ودون هؤلاء أصحاب "الرُقى" لمّا سمعوا عن نبيّ نُبِّئ أنّه نطق بكذا وكذا، وانقضت له معجزة كذا، ظنّوا أنَّ ذلك

الكلام هو السبب في تلك المعجزة، فراموا تلك الهيئات.ليس المُسْتَعمِل كالمطبوع. الأعمال الشريعية تشاكل الطبيعية. لستَ تدري حركاتها وتحسبها عبثًا حتّى ترى النتيجة، فتُفوِّضُ إلى مدبّرها ومحرّكها، وتُسلِّم له. كما لو أنّكَ لم تسمع بجماع، ولا عرفته، ولا عرفت نتيجته، ورأيتَ نفسكَ شرهة إلى أخسّ عضو في المرأة، وأنت ترى ما في قربها من الخساسة، وما في الانذعان إلى المرأة من الدناءة، لعجبتَ ولقلتَ ما هذه الحركات إلاَّ عبثًا وجنونًا، حتّى إذا رأيتَ مثالكَ قد نشأ من امرأة، أعجبكَ الأمر وتخيّلتَ أنكَ من أعوان الخلقة وأنَّ الخالق قصد بكَ عمارة الدنيا.وهكذا أعمال الشريعة المقدَّرة من عند الله تعالى، تذبح الكبش مثلًا وتتلوّث في دمه وفي سلخه وفي تنظيف أحشائه وغسله وتعضيته ورشّ دمه وإصلاح حطبه وإيقاد ناره ونضده ولو لم يكن من أمر الله تعالى لاستخففت بهذه الأعمال ولرأيت أنّها مُبعّدة من الله تعالى لا مُقرّبة، حتّى إذا تمّ على ما ينبغي ورأيت النار السماوية، أو وجدت في نفسك روحًا آخر لم تعهده، أو منامات صادقة أو كرامات، عرفت أنّها نتيجة ما قدّمت، والأمر العظيم الذي به اتّصلت وعليه حصلت ولم تبال إنْ متَّ بعد اتّصالك به، إذ إنّما موتك فناء جسدك فقط. وأمّا النفس التي حصلت في تلك الرتبة فلا انحطاط لها عنها، ولا بُعْد عن تلك الدرجة.فتبيّن من هذا أنَّ لا قرب إلى الله تعالى إلاَّ بأوامر الله تعالى، ولا سبيل إلى العلم بأوامر الله إلاَّ من طريق النبوّة، لا بتقايس ولا بتعقّل. ولا صلة بيننا وبين تلك الأوامر إلاَّ بالنقل الصحيح. والذين نقلوا إلينا تلك الشرائع لم يكونوا أفرادًا، بل كثرة وعلماء وأجلاّء ومتّصلين بالأنبياء. ولولم يكونوا غير "الأئمّة الهارونيّين واللّاويّين والشيوخ السبعين"، الذين كانوا حملة التوراة، ولم ينقطعوا من لدن موسى.

54. قالَ الخَزَرِيُّ: لم أرَ أهل "البيت الثاني" إلاَّ قد نسوا التوراة، ولم يدروا شريعة "المظلّة" حتّى وجدوها مكتوبة. وكذلك شريعة "لا يدخل عمّونيّ ولا موآبيّ"، وقيل فيهما: "فوجدوا مكتوبًا في التوراة" وهذا دليل على تِلاف التوراة.

55. قالَ الحَبْرُ: فنحن اليوم إذًا أحذق منهم وأعرف إذ نحفظ التوراة بزعمنا.

56. قالَ الخَزَرِيُّ: كذلك أقول.

57. قالَ الحَبْرُ: فلو كُلّفنا تقريب قربان، أكُنّا ندري كيف نذبحه، ولأيّ جهة، "وتصفيته من الدمّ وسلخه وتعضيته"، وكم عضوا يعضَّي، وكيف يُقرَّب، وكيف يُرشّ الدم، "وتقديمه وسكب النبيذ المُقدَّس" و"التسبيح" عليه، وما يلزم "الأئمّة الهارونيّين" من "قداسة وطهارة ومسحة" ولباس وهيئات، وكيف يأكلون "القرابين" وأزمنتها وأمكنتها وغير ذلك ممّا يطول؟

58. قالَ الخَزَرِيُّ: لسنا ندري هذا دون إمام أو نبيّ.

59. قالَ الحَبْرُ: ألاَ ترى أهل "البيت الثاني" كيف بنوا "المذبح" سنين حتّى أعان الله تعالى في بنيان "البيت" ثمّ في بنيان السور، أتظنّ أنّهم كانوا يقرّبون جزافًا كيف ما اتفق؟

60. قالَ الخَزَرِيُّ: ليس يمكن أن يكون "قربان الصعيدة به رائحة سرور"، وهي شريعة ليست عقلية، إلاّ وتتمّ جميع أجزائها بإذن الله تعالى وبأمره، لا سيّما وقد علموا شرائع "يوم الكَفَّارة" وما أعظم من "المظلّة"، وكُلّها تحتاج إلى علم دقيق ومعلِّم حاضر.

61. قالَ الحَبْرُ: فمَنْ يدري هذه الدقائق من التوراة يُخفى عنه عمل "المظلّة" وشريعة "لا يدخل عمّونيّ وموآبيّ"؟

62. قالَ الخَزَرِيُّ: فما عسى أن أقول في "فوجدوا مكتوبًا" في التوراة؟

63. قالَ الحَبْرُ: الحقّ الصحيح وهو أنَّ مؤرخ "الكتاب المقدّس" لم يُعنَ بالخفيّات، لكن المشهورات المُعلَنات، فلم يذكر مع يهوشع شيئًا من علمه المنقول عن الله تعالى وعن موسى عليه السلام، بل إنّما ذكر يوم وقوف "نهر الأردن"،

ويوم وقوف الشمس، ويوم "الختان" لشهرتها عند الجمهور. وكذلك من أخبار شمشون ودبوراه وجدعون وشموئيل وداود وسليمان، ولم يذكر من علومهم، ولا ممّا كان لهم من الآثار في الشريعة شيئًا، لكن ذكر من أخبار سليمان طعامه العظيم وغناه الجسيم، ولا يذكر من نوادر علمه غير "حينئذ أتت زانيتان"، لما انقضى الأمر بحضرة الجمهور. وأمّا حُكمه مع "ملكة سبأ" وغيرها فلم يذكرها، إذ لم يكن غرض المدوّن أنْ يذكر حاشى المشهور عند الجمهور الذي حملته الكافّة. وأمّا الأخبار الخاصّة التي كانت تحملها الخاصّة فكلّها تلفت عنّا إلاّ القليل، أو الخُطَب الفصيحة من النبوّة، التي استعذب الناس حفظها لجلالة معناها وفصيح لفظها.فهكذا لم يُؤرّخ من أخبار عزرا ونحميا عليهما السلام غير المشهور في الجمهور. فكان يوم عمل "المظال" يومًا مشهورًا بما تحرّك الناس وصعدوا إلى الجبال عن "أغصان زيتون وأغصان آس وسَعف نخيل"، فكان "فوجدوا مكتوبًا" كناية عن سمع العامّة والجمهور وتحرّكهم لعمل "المظال". وأمّا الخواصّ فلم يخفهم دقيق الشرع فضلًا عن جليله، فقصد المؤرخ تشنيع ذلك اليوم، كما قصد في يوم تطليق العمونيات والموآبيات، فإنّه كان يوم أثر عظيم في تطليق الناس أُمّهات أولادهم، وهو أمر يشقّ ويصعب. وما أظنّ أمّة تأتي لمثل هذا طاعة لربّها غير هذه الصفوة، فلهذه الشهرة قيل: "فوجدوا مكتوبًا"، يعني أنّه لمّا وصل القارئ على العامّة إلى "لا يدخل عمّونيّ ولا موآبيّ" تحرّك الناس، وكان سبب هول عظيم في ذلك اليوم.

64. قالَ الخَزَرِيُّ: أريد أن تجلب لي ذوقًا من كيفية النقل الدالّة على صحّته.

65. قالَ الحَبْرُ: إنّ النبوّة صحبت أهل "البيت الثاني" طول أربعين عامًا من الشيوخ المُؤَيَّدِين بقوّة "السكينة" التي كانت في "البيت الأول"، إذ كانت النبوّة المكتَسَبة ارتفعت بارتفاع "السكينة"، فصارت لا تُرجى إلاّ في النادر وعن قوّة عظيمة، مثل إبراهيم وموسى عليهما السلام والمسيح المنتظَر وإلياهو وأمثالهم، الذين هم بذواتهم محلّ "السكينة"، وبحضورهم

يكتسبُ الحاضرون درجة النبوّة.فبقي للقوم في رجوعهم إلى "البيت" حجي وزكريا وعزرا وغيرهم. وبعد الأربعين عامًا كان جمهور "الفقهاء" المسمّين "ناس المجمع المُعظَّم" وعددهم لا ينحصر لكثرتهم، وهم الذين صعدوا مع زروبابل، اسندوا روايتهم إلى الأنبياء، كما قيل: "وبلّغها الأنبياء إلى ناس المجمع المُعظَّم".وبعده عصر "شمعون الصدّيق الإمام الهارونيّ" ومن تبعه من التلاميذ والأصحاب.وبعده أنطجنس "ابن بلدة سوخو" مشهور، ومن تلاميذه صدوق وبيتوس الذين كانوا أصلًا للخوارج وبهم سُمّوا الصدّوقيّين والبيتوسيّين.وبعده يوسف بن يوعزر "الأتقى من بين الأئمّة الهارونيّين" ويوسف بن يوحنان وأصحابهما، وفيه قيل: "عندما مات يوسف بن يوعزر بطلت العناقيد إذ قيل لا عنقود للأكل ... الخ" لأنّه لم يُحفَظ عليه ذنب منذ صباه إلى وفاته "طاب ذكره".وبعده يهوشع بن فرحيه وأمره شهير، و"يشوع الناصري" كان من تلاميذه، ونتاي الأربلي معاصر له.وبعده يهودا بن طباي وشمعون بن شطح وأصحابهما. وفي زمانهما نشأ أصل مذهب القرّائيّين لما جرى "للفقهاء" مع يناي، وكان "كاهنًا"، وكانت أمّه مُتّهَمة بأنها "مُحرّمة" وعرَّضَ به أحد من الناس من جمهور "الفقهاء" بأن قال له: "يا يناي المَلِك كفاكَ تاج الملكية فاترك تاج الكهنوت لذرّية هارون". فأدخله أصحابه على "الفقهاء" ليستفه إليهم وينفيهم ويبذّرهم ويقتلهم، فقال لأصحابه إذا أنا أتلفتُ "الفقهاء" مَنْ لنا بعلم التوراة؟ فقالوا: "ترى التوراة المكتوبة" حاضرة، كل من شاء أن يتعلّم يأتي ويتعلّم ولا تبال "بالتوراة الشفاهية". فقبل منهم ونفى "الفقهاء"، وفي جُملتهم شمعون بن شطح وكان صهره. واختلّ "حُكم الدين" مُدّة قليلة، وراموا التشرّع بالقياس فعجزوا، حتّى انصرف شمعون بن شطح وسائر تلاميذه من الإسكندرية، وعاد النقل إلى أوّله، وقد تأصّل للقرّائيّين أصل بقوم يدافعون "التوراة الشفاهية"، ويتحيّلون بالحجج كما تراهم اليوم.وأمّا الصدوقيّون والبيتوسيّون [فإنما هم زنادقة أنكروا الآخرة] وهم "الخوارج" المَدعوّ عليهم في الصلاة. وأمّا أصحاب "يسوع" فهم "المعماديّون" الداخلون في دين المعمودية المُبَطَّسون في "نهر الأردن". وأمّا القرّائيّون فمجتهدون في الأصول

متحكّمون في الفروع وربّما تعدّى الفساد إلى الأصول لكن جهلًا منهم لا قصدًا.ثمّ تلا هذا شمعيه وأبطليون ومن تلاميذهما هلل وشماي. وكان من أمر هلل ما شُهر من علمه وحلمه وهو من "ذرية داود" وعاش ماية وعشرين عامًا. وكان له من التلاميذ آلاف وفي مختاريهم قيل: "ثمانون تلميذًا كانوا لهلل الشيخ، ثلاثون منهم مؤهلون لأن تحلّ عليهم السكينة، وثلاثون مؤهلون لأن يُكبِّسوا السنين، وعشرون في الوسط، أعظمهم شأنًا يونتان بن عوزيئيل، وأصغرهم شأنًا يوحنان بن زكاي، الذي لم يُلق جانبًا الكتاب المقدّس والمشناه والتلمود والشرع والقصص، وجميع فضائل الفقهاء وجميع خصائل الكتبة، ولم يترك أمرًا من أمور التوراة لم يتعلّمه"، "وجاء عنه أنه لم يتكلّم في حياته قطّ حُلًا ولم يبقَ أحدٌ في المدرسة بَعدهُ، ولم يسبقه أحدٌ إليها، ولم يغفُ في المدرسة، غفوة دائمة أو غفوة لبرهة، ولم يمش أربع أذرع من دون التوراة والتميمة، ولم يجدهُ أحدٌ جالسًا ساكتًا إلاّ جالسًا يدرس، ولم يفتح شخص لتلاميذه إلاّ هو، ولم يقل شيئًا غير ما سمعه من معلّمه، ولم يقل قطّ حانت ساعة الخروج من المدرسة، وفي هذه الطريق سلك أيضًا تلميذه الحبر اليعيزر".وهذا الحبر يوحنان بن زكاي عاش مثل استاذه ماية وعشرين عامًا، وحضر خراب "البيت الثاني". من تلاميذه الحبر اليعيزر بن هورقنوس الذي له "فصول الحبر إليعيزر" المشهورة في الهيئة وفي مساحة الأفلاك والأرض وكل شيء غريب في علم النجوم. ومن تلاميذه الحبر يشماعئيل بن اليشع "الإمام الهارونيّ"، وهو الحبر يشماعئيل "صاحب" "الهياكل" و"معرفة وجه [الباري] "و"عمل المركبة"، لأنّه عَلِمَ أسرارها حتّى استحقّ درجة قريبة من النبوّة، وهو القائل: "دخلتُ مرّةً [إلى قدس الأقداس] لتقديم البخّور ورأيتُ أكتريئل يهوه ربّ الجنود" وسائر "القصّة". ومن تلاميذه أيضًا الحبر يهوشع المشهور الذي جرت له مع الحبر جمليئيل الأخبار المشهورة، والحبر يوسي والحبر اليعيزر بن عرخ المقول فيه: "لو أنّ جميع فقهاء [بني] إسرائيل في كفّة ميزان واليعيزر بن عرخ في الكفّة الأخرى لرجحت كفّته جميعهم".وفي هذه الأعصار، حاشى هؤلاء المشاهير وحاشى جمهور "الفقهاء" وحاشى "الأئمّة الهارونيّين واللاويّين" الذي

كانت "توراتهم شغلهم"، لا يزال السبعون سنهدرين وعلمهم، وبإذنهم كان يوَلّى الوالي ويُعزَل المعزول، مثال ما قيل: "قال الحبر شمعون بن يوحاي كذا سمعت أنا من السبعين شيخًا يوم عيّنوا الحبر اليعيزر بن عزريا [على رأس] المدرسة الدينية"، وتوابع السبعين مئين، وتوابع المئين آلاف، إذ لا يمكن أن يُصَفوا سبعين كاملًا إلاّ عن مئين دونهم، وكذلك على تدريج.وبعد هؤلاء الحبر عقيبه والحبر طرفون والحبر يوسي الجليلي وأصحابهم وجميعهم بعد "الخراب". ووصل الحبر عقيبه إلى حدّ قريب من النبوّة حتّى كان يتصرّف في عالم الروحانيّين، كما قيل عنه: "دخل أربعون لبستان، اختلس واحد النظر ومات، وواحد اختلس النظر وأصيب، وواحد اختلس النظر وقلَّم الشجيرات، وواحد جاء بسلام وخرج وكان الحبر عقيبه". فكان الذي مات ممّن لم يحتمل مشاهدة ذلك العالم إلاّ انحلّ تركيبه. والآخر جُنّ وتوسوس الوسواس الإلهيّ فلم ينتفع الناس به. والثالث أفسد العمليات لمّا أشرف على العقليات قائلًا إنَّ هذه الأعمال إنّما هي آلات وأدوات موصّلة إلى هذه الدرجة الروحانية، وأنا قد وصلتها، فلا أبالي بأعمال الشريعة، ففسُدَ وأَفسدَ، وضلَّ وأَضلَّ. وكان الحبر عقيبه هو الذي يتصرّف في العالمَيْن من غير أذاء يلحقه. وقد قيل عنه: "كان أَهلًا لأن تحلّ عليه السكينة كموسى إلاّ أنَّ الساعة غير ملائمة لذلك". وهو من جملة "ضحايا الملكوت"، وهو الذي حين قُتل كان يسأل تلاميذه هل هو وقت "[صلاة] قصّة التوحيد" ليقرأها، فقالوا له: "سيّدنا كفاكَ"، فقال لهم: "كنتُ أسعى كلّ حياتي لتحقيق الكلمات التالية: مِنْ كلِّ قلبِكَ ومِنْ كلِّ نفسِكَ، حتّى وإنْ أخذَ روحكَ الآن، وحين أتيحت ليّ الفرصة أَولا أحقّقها؟ وقد كان يُطوِّل بواحد حتّى خرجت روحه".

66. قالَ الخَزَرِيُّ: مثل هذا يعيش عيشًا لذيذًا، ويموت موتًا لذيذًا، ثُمّ يحيا الحياة الأبدية في لذّة متّصلة.

67. قالَ الحَبْرُ: ثُمّ بعدهم في عصر واحد الحبر مئير والحبر يهودا والحبر يوسي وشمعون بن عزئي والحبر حنانيا بن ترديون وأصحابهم. وبعد هؤلاء رابي وهو "معلّمنا القدّيس" وهو الحبر يهودا "الرئيس"، ومعه الحبر نتان والحبر يهوشع

بن قرحه وغيرهم كثير، وهم آخر رواة المشناه المسمَّين تنائيون، وليس بعدهم إلاَّ الأموريّون وهم أهل التلمود.ودُوِّنَ المشناه في سنة 530 حسب توقيت "عام السَّنَدات"، وهو سنة 150 لـ"خراب البيت الثاني"، بعد 530 سنة لارتفاع النبوّة، اندرج فيها كلّ ما ذكرنا. هذه نُكت قليلة من كثيرة من أخبارهم وآثارهم. وقد عُنوا بالمشناه عنايتهم بالتوراة من نظمهم لها وترتيبها وعدد "الكتب والفصول والتشريعات"، وحرز الروايات ما يبعد عن الظنّ أن يكون أمرًا مصطلحًا عليه، وينطوي فيها من فصيح اللغة العبرانية ما لم يُشتَقّ من لغة "الكتاب المقدّس" كثير. وأمّا إيجاز كلامها وحسن نظامها وجَودة تصنيفها وحصر وجوه المعاني مع الجزم والقطع دون تشكّك وظنّ، ففي حدّ يرى متأمّلها بعين الحقيقة أنَّ البشر يقصر عن تأليف مثلها إلاَّ مع تأييد إلهيّ. وما يعاديها إلاَّ مَنْ يجهلها ولم يشتغل بقراءتها وتصفّحها، ويسمع من آثار "الفقهاء" الأخبار العامية الدرشية، فيقضي لهم بالفتور والنقصان، كمَنْ يقضي بالنقصان على مَنْ لقيه دون خبرة وطول صحبة. ومِنْ مثالات إسنادهم إلى النبوّة قولهم: "قال الحبر نحوم هلبلر سمعتُ من الحبر مياشا الذي سمعَ من أبيه الذي سمعَ من الأزواج والذين سمعوا من الأنبياء شريعة لموسى من سيناء". ومن تحفّظهم من نقل الأفراد، قول بعضهم لولده مُوصِيًا عند وفاته: "يا بني تراجع عن أربعة أمور قد قلتها، قال له: وأنتَ لماذا لم تتراجع عنها؟، قال له: سمعتُ أنا من أفواه كثيرين وهم سمعوا من أفواه كثيرين، وقد تمسكتُ بما سمعتُ، وهم تمسكوا بما سمعوا، ولكن أنتَ سمعتَ من واحد، ومن الأفضل ترك قول واحد والتمسّك بأقوال الكثيرين". وهذه نُكت قليلة ونقطة من بحر من دلائل فضل روايات المشناه. وأمّا روايات التلمود وناقليه، فيطول الكلام فيهم وفي طرائقهم ونوادرهم وأمثالهم، وإنْ فيها ما لا يُستحسَن اليوم، فقد كان في تلك الأَعْصَار مستعمَلًا مستحسَنًا.

68. قالَ الخَزَرِيُّ: كذلك أرى في جزئيات أخبارهم ما يخلّ بما تصف من كُلّياتها من تخريجهم آيات التوراة إلى وجوه يبعدها القياس وتشهد النفوس بأنّه لم يكن القصد من ذلك الفَسُوق ما

ذكروه مرّة في الأحكام ومرّة في "الخُطب الدينية". وكذلك ما لهم من "القصص والبطولات" تستبعدها العقول.

69. قالَ الحَبْرُ: أرأيتَ ما لهم من التحرير والتحرّي في شرح المشناه والبريتا، وما ينتهون فيها من التدقيق والتحقيق، دون مسامحة في لفظة فكيف في معنى؟

70. قالَ الخَزَرِيُّ: رأيتُ ما يفوق كلّ جدل بل ذلك البرهان الذي لا تعقّب وراءه.

71. قالَ الحَبْرُ: أفيُقاس على من يدقّق هذا التدقيق أنّه يجهل من الفَسُوق ما ندريه نحن؟

72. قالَ الخَزَرِيُّ: ذلك مُحال، بل الأمر على أحد وجهين، إمّا إنّا نحن لا ندري طرق تفسيرهم للتوراة، وإمّا الذين يفسّرون "الشرع" ليسوا هم المفسّرين للتوراة. وهذا الوجه الثاني مُحال، وقليلًا ما نرى لهم تفسير فَسُوق يطابق القياس وظاهر اللفظ، كما أنّه لا نرى لهم تفسير "شرع" إلاّ في غاية المطابقة للقياس.

73. قالَ الحَبْرُ: لكن نقول أحد أمرين، إمّا لهم أسرار خُفيتْ عنّا في طرق تفسير التوراة، كانت عندهم نقلًا في استعمال "الثلاثة عشر أصلًا". وإمّا أنَّ جلبهم للفواسيق على طريق الإسناد المسمّاة عندهم "شبهة" [أسمختا] يجعلونها علامة لنقلهم، كما جعلوا "وأوصى يهوه إلوهيم آدم قائلًا: من جميع شجر الجنة تأكل أكلًا" علامة على "سبع الوصايا التي أُمر بها أبناء نوح: وأوصى - هذه هي الأحكام، يهوه – هذا تسبيح الاسم، إلوهيم – هذه عبادة آلهة غريبة، آدم – هذا سفك دماء، قائلًا – هذا سفاح القُربى، من جميع شجر الجنة – هذا نَهْب، تأكل أكلًا – هذا عضو الحيوان الحيّ". ما أبعد ما بين هذه الأغراض وهذا الفَسُوق، لكن عند القوم نُقل هذه السبع "وصايا" وعلّقوها بهذا "الفَسُوق كالعلامة" تسهيلًا لحفظها. وعسى الوجهين عندهم في تفسير الفواسيق، أو ثَمّ وجوه غابت

عنّا، وتقليدهم واجب مذ صحّ علمهم ودينهم واجتهادهم وجمهورهم العظيم، الذي لا يجوز فيه التواطؤ. فلا نرتاب بقولهم، وإنّما نرتاب بأفهامنا، كما نفعل في التوراة وما ينطوي فيها من كلام لا تحتمله نفوسنا، ولا ريب عندنا في شيء منه وننسب التقصير إلى أنفسنا. وأمّا "القصص" فمنها استعمال توطئة ومقدّمة لغرض يريدون تأكيده وتأييده، مثل "قالوا حين ينزل ربّ العاملين إلى مصر"، لتأكيد الإيمان بأنَّ "الخروج من مصر" إنّما كانت قصدًا من الله، لا باتّفاق ولا بوسائط من حيل الناس وروحانيات كواكب وملائكة وجنّ وكلّ ما يختلج بالبال المفكّر، بل بأمره تعالى وحده. فقالوا على طريق ما يقولون: "إنْ جاز ذلك"، يعنون: بعد أن يتّفق كذا وكذا لكان كذا وكذا. وعلى أنَّ هذا ليس في التلمود ولا يوجَد إلاّ في بعض "مجاميع الصلوات والتسابيح"، لكن مع هذا متى وجدتَ مثله فإلى هذا ينحو، كما قال ميخيا لأخآب: "قد رأيتُ يهوه جالسًا على كرسيّه ... الخ، فقال يهوه: من يُغوِي أخآب ... الخ، ثمّ خَرَجَ الرُّوحُ ... الخ" وسائر القول، ولم يكن في الحقيقة أكثر من قوله: "والآن هوذا قد جعلَ يهوه روحَ كذبٍ في أفواه جميع أنبيائِكَ هؤلاءِ" وغير ذلك مقدّمة وتوطئة خطابية موثقة مؤكّدة لهذا القول إنّه حقّ.ومنها أوصاف من مشاهدات روحانيات رأوها ليس بمستغرب على أولئك الفضلاء أنْ يروا صورًا منها خيالية لعظيم تفرّدهم وإصفاء أذهانهم، ومنها صور لها حقيقة من خارج كما رآها الأنبياء، وكذلك "نَأْمَةٌ من السَّمَاءِ"، التي صحبتهم في "البيت الثاني"، درجة دون "الرؤيا والوَحَى". فلا يُستبعد قول الحبر يشماعئيل: "سمعتُ نَأْمَةً من السماء تهدلُ كحمامة" وغير ذلك، إذ تبيّن من مشهد موسى والياهو عليهما السلام ما يجعل هذا من الممكن، فإذا جاء به الخبر الصادق وجب قبوله. ويؤوَّل في قوله: "يا ويلي على دماري لبيتي" ما يؤوَّل في "ويندمُ يهوه" و"يحزنُ في قلبه".ومنها ما هي أمثال مضروبة على أسرار علوم مُنع كشفها، إذ لا منفعة فيها للجمهور، وهي معرّضة للبحث والتفتيش للأفراد يظفر بها مَن استحقّها واحد في عصر أو في أعصار.ومنها مُحالية الظاهر ويتبيّن غرضها بأيسر نظر، مثل قولهم: "سبعة أشياء خُلقت قبل العالم جنة عدن والتوراة والصديقّون وإسرائيل وكرسي

المجد ويروشليم والمسيح بن داود"، نظيرًا لقول العلماء: أوّل الفكرة آخر العمل. فلمّا كان قصد الحكمة في خلقة الدنيا التوراة، التي هي جسد الحكمة، وحملتها هم الصديقّون وبينهم يحلّ "كرسي المجد"، والصديقّون بالحقيقة لا يكونون إلاَّ من صفوة وهم "بنو إسرائيل"، ولا يليق بهم إلاَّ أخصّ المواضع وهي يروشلم، ولاَ يُنظِّمهم إلاّ أشرف الناس وهو مسيح بن داود، ومآلهم ومسيرهم إلى "جنة عدن"، وجب أنْ توضع هذه مخلوقة بالقوّة قبل العالم. ومن المُحالية الظاهر أيضًا ما ذُكر من "عشرة أشياء خُلقت عند الشفق: فم الأرض، وفم البئر، وفم الأتان، ... الخ" للتوفيق بين الشريعة والطبيعة، إذ الطبيعة تقول بالعادة والشريعة تقول بخرق العادة. والتوفيق بينهما أنَّ العادات التي انخرقت إنّما هي بالطبيعة، لأنّها في الإرادة القديمة مشروطة بها مبنيّة عليها "منذ ستة أيام التكوين".ولستُ أُنكركَ يا ملك الخزر أنْ يكون في التلمود أمور ليس أقدرُ على إقناعك فيها ولا على ضمّها إلى مضمار، وهي التي ضمّها التلمود اجتهاد التلامذة لمّا كان عندهم أنَّ "حتّى حوار "الفقهاء" يستدعي التلمود". وما كان يتحرّون ألاَّ يقولوا إلاَّ ما سمعوه من أستاذيهم مع اجتهادهم أنْ يرووا كلّ ما سمعوه من أستاذيهم ويتحروّن في ذلك لفظهم بعينه، وربّما لم يفهموا معناها، فقالوا إنَّ هكذا رُوينا وسمعنا. وربّما كان للأستاذ في ذلك أغراض خُفيت عن تلاميذه، فوصل الأمر إلينا فاستخففنا به لمّا لم ندرِ غرضهِ. ولكن جميع هذا فيما لا يحلّ ولا يحرم فلا نبالي به ولا يخلّ في التأليف مع الوجوه التي ذكرنا.

74. قالَ الخَزَرِيُّ: لقد طيَّبتَ نفسي ومكَّنتَ إيماني بالنقل. وأريد الآن أنْ تعرض لي ذوقًا من علومكم بعد أنْ تزيدني بيانًا في أسماء الله تعالى وتوسّع لي في ذلك قليلًا بعون الله.

الفصل الثالث

كتاب
قال له الخَزَرِيّ

Kitab al Khazari

الحاخام يهودا هليفي

Rabbi Yehuda Halevi

الفصل الرابع

1. قالَ الحَبْرُ: إلوهيم صفةٌ لمالكِ أَمرٍ ما وحاكِمِهِ. وقد يكونُ في اللِّ إذا أُريدَ بهِ مالكُ العالمِ بأَسرِهِ. وقد يكون في الجزء إذا أُريد به قوّة من قوى الفلك أو طبيعة من الطبائع أو حاكم من الناس. وإنّما انبَنى هذا الاسم على الجمع من شائع الاستعمال الجاري بين الأمم الذين كانوا يتّخذون أصنامًا يعتقدون كلّ واحد منها محلًا لقوى فلكية وما أشبه هذا. وكلّ واحد منها عندهم إله، فيُسمّون الجملة إلوهيم ويحلفون بها وكأنّها حاكمة عليهم، فهي متكثّرة بتكثّر القوى المدبّرة للبدن والقوى المدبّرة للعالم. فإنَّ القوى كناية عن أسباب الحركات، فإنَّ كلّ حركة فعن قوّة غير قوّة الحركة الأخرى، فإنَّ فلك الشمس وفلك القمر ليس يجريان بقوّة واحدة لكن بقوى مختلفة.ولم يلتفتوا إلى القوّة الأولى التي عنها صدرت جميع هذه القوى، إمّا لأنّهم لم يُقِرّوا بها، وادّعوا أنَّ جماعة هذه القوى هي المكنىَّ عنها بإله، وأنَّ النفس أيضًا إنّما هي جماعة القوى المدبّرة للبدن. وإمّا أنّهم أقرّوا بالله لكنّهم استبعدوا الانتفاع بعبادته وزعموا أنّه أنزه وأرفع من أن يعرفنا، فضلًا عن أن يُعنى بنا، تعالى الله عن قولهم، فصاروا لا يعبدون آمِرًا واحدًا لكن كثيرًا يسمّونه إلوهيم، جملةً تعمّ الأسباب دون تفصيل.والتحرير والتفصيل إنّما هو في الاسم المكتوب بـ"ياء" و"ها" و"ألف" و"ها" "تبارك وتعالى". فهو اسم عَلَم مُشار إليه بالصفات لا بالمكان، بعد أن كان مجهولًا. إنْ كان يُسمَّى "إلوهيم" على العموم فسُمّي

"يهوه" على الخصوص. كأنَّ سائلًا يسأل: أيّ إلوهيم هو الذي ينبغي أن يُعبد؟ الشمس أو القمر أو السماء أو البروج أو أحد الكواكب أو النار أو الهواء أو الملائكة الروحانيّون أو غير ذلك؟ فإنَّ لكلّ واحد منها تأثيرًا وحُكْمًا، وكلّ واحد منها سبب في الكون والفساد! فيكون الجواب: "يهوه"، كقولك: فلان اسم عَلَم، مثل رؤبين وشمعون بعد أن يُفهَم من لفظ رؤبين وشمعون حقيقة ذواتهما.

2. قالَ الخَزَرِيُّ: وكيف أُشخِّصُ من لا إشارة إليه لكن استُدِلَّ عليه من آثاره؟

3. قالَ الحَبْرُ: بل يُشار إليه بالمشاهدة النبوية وبالبصيرة، لأنَّ الاستدلال مضلّل، ومن الاستدلال تحدث الزندقة والمذاهب الفاسدة. وكأنَّ الثنوية أدّاهم إلى القول بسببين قديمين إلاّ الاستدلال، وكأنَّ الدهرية أدّاهم إلى القول بقِدَم الفلك وأنّه سبب نفسه وسبب غيره إلاّ الاستدلال. وكذلك عُبَّاد النار وعُبَّاد الشمس، الاستدلال أدّاهم إلى ذلك. لكن طُرق الاستدلال اختلفت، فمنها مستقصاة ومنها مقصّرة، وأحفلها استقصاء الفلاسفة، وطرق الاستدلال أدّتهم إلى القول بربّ لا يضرّنا ولا ينفعنا، ولا يدري صلواتنا وقرابيننا، ولا طاعتنا، ولا عصياننا، وأنَّ العالم قديم كقِدَمه. فليس عند واحد منهم اسم عَلَم لله مشار إليه، لكن عِندَ مَنْ سمعَ خطابَهُ وأَمرَهُ ونَهْيَهُ وثوابَهُ عند الطاعةِ وعقابَهُ عند المعصيةِ فهو يسمّيه باسم عَلَم، كناية عن ذلك الذي خاطبَهُ وحقَّقَ عندَهُ أنّهُ خالقُ العالم بعد عدمه.فأوّلهم آدم ما كان ليدري الله لولا خطابه وثوابه وعقابه واختراعه له حواء من ضلع من أضلاعه، فتحقّق أنَّ ذلك هو خالق العالَم، وأشار إليه بالقول والصفات وسمّاهُ يهوه. ولولا هذا لبقي على اسم إلوهيم لا يتحقّقُ ما هو، هل واحد أم أكثر، هل هو عالم بالجُزئيات أم لا. ثمّ قايين وهابيل إنّما عرَفَاه بعد تقليدهما لأبيهما بالمشاهدة النبوية. ثمّ نوح، ثمّ إبراهيم وإسحق ويعقوب إلى موسى، ومَنْ بعده مِن الأنبياء، فسمّوهُ هم يهوه بمشاهدتهم. وسمّاهُ القومُ المقلّدون لهم بتقليدهم لهم يهوه، من حيث يتّصل أمره وتدبيره بالناس.ويتّصل الأصفياء من الناس

به حتّى يشاهدونه بواسطة مّا يتسمّى "مجدًا" و"سكينة" و"ملكوتًا" و"نارًا" و"غمامًا" و"صورة" و"شكلًا" و"منظر قوس قزح" وغير ذلك ممّا يدلّهم أنّهم مُخاطَبون من عنده تعالى فيسمّون ذلك "مجد يهوه". وربّما سمّوه "يهوه" وربّما سمّوا "تابوت العهد" يهوه، كقول "قم يا يهوه" عند القيام، و"عُد يا يهوه" عند النزول، و"صَعَدَ إلوهيم بهتافٍ، يهوه بوَحَى البوقِ"، وهم يريدون "تابوت عهد" يهوه. وربّما سمّوا النسبة التي بين "بني إسرائيل" وبينه والإضافة يهوه، وفي ذلك قيل: "ألا أُبغِضُ مُبغضيكَ يا يهوه"، و"أعداء يهوه"، يريدون "شعب يهوه"، أو "عهد يهوه"، أو "توراة يهوه". إذ لا إضافة بينه وبين ملّة من الملل، إذ إنّما يُفيض نوره على الصفوة فهم مقبولون منه وهو مقبول منهم، وبذلك يتسمّى هو "إله إسرائيل" ويتسمّون هم "شعب يهوه" و"شعب إله إبراهيم".وَهَبْ أنّ بعض الملل قد اتّبعوه وعبدوه سماعًا وتقليدًا، أينَ قبوله هو لهم واتّصاله بهم ورضاؤهُ عن طاعتهم وسخطه لعصيانهم؟ نراهم متروكين مع الطبيعة والاتّفاق، يسعدون وينحسون بحسبهما، لا بأمر يتحقّق أنّه بأمر إلهيّ وحده. وكذلك خَصَّصَنا بقوله: "هكذا يهوه اقتادهُ وليس معه إله أجنبيٌّ".فصار هذا الاسم خاصًّا بنا، إذ لا يعرفه حقّ معرفته غيرنا، وهو اسم علم لا يحتمل هـ المعرفة كما تُزاد على إلوهيم فيُقال: هإلوهيم. وهذا الاسم من جملة الفضائل التي خَصّصنا بها وسِرّه مستور.وأمّا فضيلة الحروف الخاصّة به فهي الناطقة، لأنّها أحرف أ هـ و ي التي هي علّة ظهور جميع الحروف، إذ لا يُنطَق بحرف من الحروف مهما لم تحضر قوّة هذه، أعني الفتحة للألف والهاء، والضمّة للواو، والكسر للياء، فهي كالأرواح، وسائر الحروف كالأجسام. وأمّا ي هـ فمثله.وأمّا أ هـ ي هـ [أكونُ] فيُشبه أن يكون من هذا الاسم، ويُشبه أن يكون مشتقًّا من هـ ي هـ [كانَ]، أراد به صرف الأذهان عن الفكرة في حقيقة الذات الممتنعة معرفتها، فلمّا سأله: "فَإِذَا قَالُوا لِي: مَا اسْمُهُ"، أجابه قائلًا: ما بالهم يطلبون ما لا يمكنهم إدراكه، شبيهًا بقول الملاك: "لِمَاذَا تَسْأَلُ عَنِ اسْمِي وَهُوَ عَجِيبٌ؟". لكن قل لهم: أَهْيَهْ، وتفسيره "الذي أكون"، يعني الحاضر الذي أحضُرُكم متى طلبتموني، فلا

يطلبوا أعظم دليلًا من وجودي معهم، فليسمّوني هكذا، فقال: "أَهْيَهْ أرسلني إليكم". وقد كان تقدّم وجعل برهانه لموسى مثل هذا بقوله: "إِنِّي أَكُونُ [أَهْيَهْ] مَعَكَ، وَهذِهِ تَكُونُ لَكَ العلامَةَ"، الآية أنّي مُرسِلُكَ، إنّي أَحضُرُكَ في كلّ مكان، وتابعَهُ بما يشاكل هذا بقوله: "إله آبائكم إله إبراهيم إله إسحق وإله يعقوب" المشهورين بالأمر الإلهيّ معهم أبدًا.وأمّا "إله الإلوهيم" فكناية عن كون جميع القوى الفعّالة مفتقرة إلى ربٍّ ينظّمها ويصرّفها. و"ربُّ الأربَابِ" مرادف له.وأمّا إيل [إله] فمشتقّ من أيَلُوت [سطوة]. وعنه صدرت القوى، فهو منزَّه من الاشتباه بها، وساغ قول: "من مثلكَ بين الآلهة [إيليم]" جَمْع إيل.وأمّا "كَدُوش" [قُدُّوس] فكناية عن التنزيه والترفيع عن أن يليق به صفة من صفات المخلوقات، وإن سُمّي بها على المجاز. ولذلك سمع إشعياء قُدُّوس قُدُّوس قُدُّوس إلى ما لا نهاية. يعني أنّه منزَّه ومرفَّع ومقدَّس ومبرَّأ عن أن يلحقه شيء من نجاسات الأمّة التي حلّ نوره فيما بينهم، ولذلك رآه "على كرسي عالٍ ومرتفع". فيُكنّى بـ"قُدُّوس" عن الروحانيّ الذي لا يتجسّم ولا يتشبّث بجانبه شيء ممّا يتعلّق بالمجسّمات، فيقال: "قُدُّوس إسرائيل" كنايةً عن الأمر الإلهيّ المتّصل به، ثمّ بجمهور ذرّيّته اتّصالَ تدبير وسياسةٍ، لا اتّصال لصوق ومُماسّة، وليس بمباح لكلّ من شاء أن يقول: "إلَهِي" و"قُدُّوسي"، إلاّ على سبيل المجاز بطريق التقليد. وأمّا على حقيقة، فإنّما يقوله نبيّ أو وليّ ممّن يتّصل به أمر إلهيّ، ولذلك يُقال للنبيّ: "تَضَرَّعْ إلى وَجْهِ يهوه إلهكَ" وقد كان المقصود بهذه الأمّة أن تكون نسبتها من الأمم كنسبة المَلَك من الناس، كقوله: "تكونون قِدّيسينَ لأني قُدُّوس يهوه إلهكم".وأمّا "أَدُنَيْ" [سَيِّدِي] المكتوب "ألف دال نون ياء" فهو كالإشارة إلى شيء، وإن كان في حقّه منزَّهًا عن الإشارة، لأنَّ الإشارة إنّما هي لجهة دون جهة. فقد يُشار إلى الأشياء المنفعلة عنه المتصرّفة له تصريفًا أوّليًا، كما يُشار إلى العقل فيقال: إنّه في القلب أو في الدماغ، فيقال: هذا العقل وذاك العقل، ولا إشارة بالحقيقة إلاّ إلى ما يتحيّز بمكان، وعلى أنَّ الأعضاء كُلّها تتصرّف للعقل، فإن كان ذلك بواسطة القلب أو الدماغ فآلته الأولى يُشار إليها: إنَّ العقل هناك. كذلك يُشار إلى السَّماء، لأنّه آلة تتصرّف

بمجرَّد إرادته تعالى دون أسباب أُخر متوسطّة بينهما. ولا يُشار إلى شيء من المركَّبات لأنّها آلات متصرّفة بتوسّط أسباب أُخر، تتسلسل إليه تعالى فإنّه سبب الأسباب، فيقال: "ساكنًا في السَّماء"، "لأنَّ الإلوهيم في السَّماء". وربّما قيل على المجاز: "خشية السَّماء"، و"يخشى السَّماء سرًّا"، و"يترّحمون من السَّماء". وكذلك يُشار إلى "عمود نار" و"عمود سحاب" ويُسجَد نحوه، ويقال: إنَّ الربّ هناك، لأنَّ ذاك العامود تصرّفه بمجرَّد إرادته، وليس كسائر الغمام والنيران المتّفقة في الجوّ من أسباب أُخر. وكذلك يُشار إلى "النار الآكلة على رأس الجبل" التي رأَتْها العامّة، والى الصورة الروحانية التي رأتها الخاصّة "تحتَ رِجلَيهِ شِبْهُ صَنْعَةٍ مِنَ العَقِيقِ الأَزْرَقِ الشَّفَّافِ". وسُمّيت "إلهة إسرائيل". وكذلك يُشار إلى "تابوت العهد" فيقال عنه "سيّد الأرض كلّها"، لظهور العجائب معه وعدمها دونه. كما سُمّيت العين مُبصِرة، والمُبصَر به غيرها، أعني النفس.وقد يُشار إلى الأنبياء والعلماء الفضلاء لأنّهم كالآلات الأولى لإرادة الله يتصرّفون بمشيئته ولا يخالفون شيئًا من أمره، وتظهر العجائب بهم. وبمثل هذه الإشارة قالت الأحبار: "يهوه إلهَكَ تتّقي فضلًا عن تلاميذِ الفقهاء". وحقيق، مَنْ هُوَ في مِثْلِ هذه الدرجة أن يتسمّى "رجل إلوهيم"، صفة مركَّبة من الناسوت واللاهوت، كأنّك قلت الإنسان الإلهيّ.فعند المخاطبة لشيء إلهيّ مُشار إليه يقال: أَدُنَيْ [سَيِّدِي] بـ"ألف دال نون ياء"، كأنّه يقول يا مولاي. ويشير إلى ما يحيّز مكان مجازًا كقول: "الجالس على الكروبين"، و"الساكن في صهيون"، و"الساكن في أورشلم". فتكثّرت الصفات والذات واحدة، لاختلاف محلّ القابل، كاختلاف الشُعاعات والشمس واحدة. وهذا المثال ليس بمطابق بالكُلّية، إلاّ لو كانت الشمس غير مُدرَكة فتوجَد الشُعاعات ولا يُدرَك سببُها إلاّ بطريق الاستدلال.ولا بُدّ من التوسّط قليلًا في الكلام ههنا لأنّه موضع اعتراض، كيف يُشار إلى مكان مَنْ لا مكان له، ثمّ يُعتقد في المُشار إليه أنّه السبب الأوّل. فنوطّئ في جواب ذلك توطئة فنقول: إنَّ الحواس تُدرِك من المحسوسات أعراضها لا جواهرها. فما تُدرِك من الرئيس [مثلًا إلاّ المرئيات والأشكال والمقادير، وليست هذه حقيقة الرئيس] الذي تَعتقدُ تعظيمَهُ،

بل قد تراه في الحرب في زيٍ ما، ثمّ تراه في المدينة في زيٍّ آخر، وتراه في منزله في زيٍّ ثالث، وتقول إنَّ هو السلطان بقضاء العقل لا بقضاء الحسّ. وربّما رأيتَه صبيًا ثمّ شابًّا ثمّ كهلًا ثمّ شيخًا، ورأيته صحيحًا ثمّ مريضًا. وقد تبدّلتْ مرئياتُه وملموساته وأخلاطه وأخلاقه، وأنت تقضي إنّه هو هو. وإنّما قضيت على أنّه خاطَبَكَ وأَمَرَكَ ونَهاكَ، وذلك منه، إنّما هو العقل أو النفس الناطقة. وقد ثبت أنَّ ذلك الجُزء منه جوهر غير متحيّز، فلا إشارة إليه، وأنت قد أشرت إليه وقضيت بأنّه السلطان. [ولمّا ماتَ ورأيتَ مِنهُ ما قد رأيتَ قضيتَ أنّهُ ليسَ هو السلطان] بل جسم يحرّكه من شاء، وينفعل من انفعالات من الاتّفاق والإرادة، كالسحاب الذي اتّفق في الجوّ، تحمله ريح وتسوقه أخرى، وتجمعه ريح وتفرّقه ريح أخرى، وكان قبل ذلك جسمًا لا ينفعل إلاّ بإرادة نفس ذلك السلطان. فكان كعمود الغمام الإلهيّ الذي لا تبذّره الرياح.مثال آخر: الشمس نراها دائرة بسيطة بقدر الترس وفي شكله مضيئة حارة ساكنة. والعقل يقضي بأنّها كُرة بقدر كُرة الأرض نحو ستّ وستّين ومائة مرّة، وأنّها ليست حارّة، ولا ساكنة، لكن متحرّكة حركتين متضادّتين مشرقية ومغربية بشرائط يطول شرحها.فلم توضع للحواس قوّة لإدراك جوهر الأشياء، بل قوّة خاصّية لإدراك أعراض تابعة، يَستدلُّ منها العقلُ على جوهرها وسببها فلا يقف على الماهية والمعنى إلاّ العقل الصحيح. فكلّ ما هو عقل بالفعل كالملائكة يُدرِكُ المعاني والماهيات بذواتها من غير حاجة إلى أن تتوسّطها أعراض. وأمّا عقولنا التي هي أوّلًا بالقوّة لانغمارها في الهيولي، فلا يمكنها الوقوف على حقائق الأشياء إلاّ بلطائف صنع الله تعالى بخصوصيات، وقُوًى وضعها في الحواسّ مشاكلة لأعراض المحسوسات، ملازمة أبدًا في جميع النوع. فلا يختلف بَصَري مع بصرك أنَّ تلك الصفيحة المدوّرة المنيرة المسخّنة هي الشمس. وإنْ كانت هذه الصفات منفية عند العقل، لا يضرّ ذلك بالنظر من حيث استدللنا بها على مرادنا، كما ينتفع البصير العاقل يطلب ناقته بقول الأعْمش الأحول: أرى في موضع كذا غرنوقتين، فيعلم البصير أنّه إنّما رأى الناقة وأنَّ عمشه خيّل له أنّه غرنوق، وحَوَله خيّل له أنّه اثنان. فانتفع البصير بشهادة

الأعمش وعذره في سوء عبارته لسوء نظره. فهكذا الحواس والقوّة الخيالية عند العقل.وكما تلطّف الخالق تعالى في وضع هذه النسبة بين الحسّ الظاهر والمحسوس الجسمانيّ، كذلك تلطّف في وضع نسبة بين الحسّ الباطن والمعنى غير المتجسّم، فجعل لمن شرّف من خلقه عينًا باطنة ترى أشياء بأعيانها لا اختلاف، فيستدلّ منها العقل على معنى تلك الأشياء ولبابها. ومن خُلقت له تلك العين هو البصير بالحقيقة، ويرى جميع الناس كالعُمْي، فيهديهم ويرشدهم. ويوشك أن تكون تلك العين هي القوّة المتخيّلة مهما خدمت القوّة العقلية، فترى صُوَرًا عظيمة هائلة تدلّ على حقائق لا ريب فيها. وأعظم الدليل على حقيقتها اتّفاق جميع ذلك الصنف على تلك الصور، أعني جميع الأنبياء، فإنّهم يشاهدون أشياء يَشهد فيها بعضهم لبعض، كما نفعل نحن في محسوساتنا، فنشهد بحلاوة العسل ومرارة الحنظل. وإنْ رأينا مَنْ خالفنا قُلنا إنّه خارج عن الأمر الطبيعيّ. فهؤلاء لا محالة يشاهدون ذلك العالم الإلهيّ بالعين الباطنة، فيرون صُوَرًا مشاكلة لطبائعهم وما أَلِفوا، فيصفونها بالصفات التي شاهدوها مجسَّمة. وتلك الصفات حقيقة بالإضافة إلى ما يطلبه الوهم والخيال والحسّ، وليست بحقيقة بالإضافة إلى الذات التي يطلبها العقل، كما مثّلنا في الرئيس. فإنَّ مَنْ قالَ هو الطويل الأبيض لابس الديباج، الذي على رأسه العَلَم وما أشبه ذلك، لم يكذب، ومَنْ قالَ ليس هو ذلك لكن العاقل المميّز الآمر الناهي في بلد كذا في عصر كذا على أمّة كذا لم يكذب أيضًا.فيشاهِد النبيّ بالعين الباطنة أكمل الصُوَر التي شاهدها كصورة رئيسٍ أو قاضٍ متقعّد على كرسيّ في حال أمر ونهي، وتولية وعزل، فيعلم أنّها صورة تشاكل رئيسًا مطاعًا. وإذا رأى صورة حامل سلاح أو حامل آلات كتابة أو مشمّر لعمل أمر ما، عَلِم أنّها صورة تشاكل الخادم المطيع. فلا يشقّ عليك تشبيه آدميّ بالخالق. وأمّا باعتبار العقل فيُشبّهُهُ أوّلًا بالنور، لأنّه أشرف المحسوسات وألطفها وأشدّها إحاطة واشتمالًا بأجزاء العالم. فإذا تَفكّر في الصفات، التي لا بدّ منها مجازًا أو حقيقة، مثل حيّ وعالِم وقادر ومُريد ومدبّر وناظم ومعطي كلّ شيء حقّه وحاكم عادل لم يجد في مشاهدتنا أشبه به من النفس الناطقة، وهي الإنسان الكامل، وهي هو من حيث هو إنسان لا

من حيث هو جسم، فإنّه يشترك في ذلك مع النبات، ولا من حيث هو حيوان، فإنّه يشترك أيضًا في ذلك مع البهائم.وقد شبّه المتفلسفون العالَم بإنسان كبير والإنسان بعَالَم صغير. فإن كان هذا وكان الله روح العالم ونَفَسِهِ وعقله وحياته، كما تسمّى بـ"حيّ العَالَم"، فقد صحّ التشبيه بطريق العقل، فكيف وللنبوّة بصر أجلى من القياس، فذلك البصر أدرك الملأ الأعلى عيانًا ورأى عُمّار السماء من الروحانيّين المقرَّبين وغيرهم في صورة آدم، وإليهم الإشارة في قوله تعالى: "نعملُ الإنسانَ على صورتنا كشبهنا"، يعني أنّي قد درّجت الخلقة وسُقتُها على ترتيب الحكمة من العناصر إلى المعادن إلى النبات إلى حيوان الماء والهواء، ثمّ إلى حيوان الأرض ذوات الحواسّ الذكية والإلهامات العجيبة. وليس بعد تلك الرتبة إلاّ رتبة تقارب الجسم الإلهيّ الملائكيّ، فخلق آدم في صورة ملائكته وخَدَمه المقرَّبين إليه بالرتبة لا بالمكان. إذ تعالى عن المكان، فعلى كلا التشبيهين لا يمكن أن يكون مثاله عند الخيال إلاّ صورة أجلّ الناس يصدر عنه النظام والرتبة لسائر الناس على درجات، كما عنه تعالى ترتيب العالم ونظامه.فيُرَى في حين العزل والتولية والحكم على ممالك: "وُضعتْ عروشٌ وجلسَ القديمُ الأيامِ"، وفي حين الغضب والإهمام بالإقلاع: "[رأيتُ السّيِّدَ] جالسًا على كرسيٍّ عالٍ ومرتفعٍ [...] السَّرَافِيمُ واقفونَ فوقَهُ". وفي حين الإقلاع "المركبة" التي رآها حزقيال وحصل جميع هذا في الخيال خارج موضع النبوّة، وهو كما حدّده "من بحر سوف إلى بحر فلسطين"، وينتظم فيه مثل "صحراء سيناء وفارن وسعير ومصر" أيضًا. فإنّ لذلك المكان خصوصية إذا اتّفق لها قابل مع الشرائط الشرعية المأمور بها تراءت تلك الصور عيانًا بالبصر "عيانًا لا بالألغاز"، كما رأى موسى "المسكن" و"نظام العبادات" و"أرض كنعان" بأجزائها، ومشهد "اجتاز يهوه قدّامه". ومشهد إلياهو في ذلك الموضع بعينه.فهذه الأشياء التي لا تُدرَك قياسًا أبطلتها فلاسفة يونان لإبعاد القياس ما لم يُرَ مثله، وأثبتها الأنبياء لمّا لم يمكنهم إنكار ما شاهدوا بالعين الروحانية التي فُضّلوا بها، وكانوا جماعات وفي أعصار مختلفة، لا يجوز عليهم الاصطلاح. وأقرّ لهم العلماء الذين أدركوهم وشاهدوهم في حال نبوّتهم. ولو شاهد

فلاسفة يونان الأنبياء في حال نبوّتهم ومعجزاتهم لأقرّوا لهم، ولطلبوا وجوهًا قياسية في كيفية حصول هذه الرتبة للإنسان، وقد فَعَلَ ذلك بعضهم لا سيّما المتفلسفون من أهل الأديان. فإلى مثل هذا تقع الإشارة في "أَدُنَيْ" [سَيِّدِي] بـ "ألف ودال ونون وياء" لأمْر إلهيّ حاضر، كأنّه يقول له يا مولاي. و"مَلَكوتيّة يهوه" كناية عن الرسالة. و"المَلَك" قد يكون مخلوقًا لوقته من الأجسام العُنصرية اللطيفة، وقد يكون من الملائكة السرمديّين. ولعلّهم الروحانيّون الذين يزعمهم الفلاسفة، ولا لنا دفعهم ولا علينا قبولهم. والشكّ فيما رأى إشعياء وحزقيال ودانيال هل هو من المخلوقين أو من الصور الروحانية الثابتة.و"مجد يهوه" هو الجسم اللطيف التابع لإرادة الله المتشكّل بحسب ما يريد عرضه للنبيّ. هذا بحسب الرأي الأوّل. وأمّا بحسب الرأي الثاني فيكون "مجد يهوه" جُملة الملائكة والآلات الروحانية، "كرسي ومركبة ومُقَبَّب وبكرات وعجلات"، وغير ذلك ممّا هو ثابت باقٍ. فهو يتسمّى "مجد"، كما تسمّي ثقلة الرئيس "متاع". ولعلّ هذا كان مطلوب موسى عليه السلام بقوله: "أرِنِي مَجْدَكَ"، أَنْعَمَ له بذلك بشرط أن يتحفّظ من رؤية المُقدّمة التي لا يحتملها بشريّ، وكما قال: "فتنظرُ ورائي". وفي ذلك "المجد" ما يَحتمل البصر النبوّي. نعم، وفي توابعه ما يحتمله أبصارنا، مثل "الغمام والنار الآكلة" ممّا هو مألوف عندنا وفيه ألطف فألطف إلى أن يبلغ إلى درجة لا يدركها النبيّ. وإن تقحّمها انحلّ تركيبه، كما عندنا في قوة الإبصار، فمَنْ بصرُه ضعيف لا يرى إلاّ في الضوء اليسير الذي يبقى بعد عِشاء،

4. قالَ الخَزَرِيُّ: أوليس إذا حصل في العقل ربوبيّته ووحدانيّته وقدرته وعلمه وصدور الكلّ عنه وحاجة الكلّ إليه واستغناؤُهُ عن الكلّ يحصل الهيبة منه والحبّ له ويغني عن هذا التجسيم؟

5. قالَ الحَبْرُ: هذا دعوى المتفلسفين. والذي نرى منِ النفس الآدميّة أنّها ترهب عند حضور المفزعات محسوسةً، ما لا ترهب إذا حُدّثنا عنها، كما ترغب في الصورة الجميلة الحاضرة المرئية، ما لا ترغب إذا حُدّثنا عنها. ولا تُصدّق المتعقّل إذا زعم أنّه يتّصل له الفكر على وِلاء وعلى نظام حتّى

يحصّل جميع المعاني المحتاجة في الإلهية بمجرَّد عقله دون إسناد إلى محسوس ولا ضباط بمشاهدة مثال، إمّا من لفظ وإمّا من خطّ وإمّا من صورة مرئية أو خيالية.ألا ترى أنّك لا تقدر على تحصيل معاني صلاتك بالفكر وحده دون قراءة، ولا تقدر أن تعدّ إلى مائة مثلًا بمجرَّد الفكر دون النطق، لا سيّما إنْ أردت أن تؤلّف المئة من أعداد مختلفة. فلولا الحسّ الذي يضبط ذلك النظام العقليّ بمثالات وحكايات لم ينضبط. فهكذا تنتظم للنبيّ عظمة الله وقدرته ورحمته وعلمه وحياته ودوامه وسلطانه وغناهُ عن الكلّ، وحاجة الكلّ إليه، وانفراده وتقدّسه، بما يراه دفعة في آن واحد، من عظم تلك الصورة المخلوقة له، وبهائها، والهيئات، والآلات الدالّة على القدرة، كاليد المرفوعة، والسيف المُصلَت، والنيران والرياح والبروق والرعود المتصرّفة بأمره، والكلام الصادر عن ذلك بالإنذارات والإعلام بما كان ويكون، ووقوف الإنس والملائكة بين يديه خاضعين، وصدور حاجتهم كلّهم من عنده، يغنيهم ولا ينقّصهم، ويُعِزّ الذليل ويُذِلّ العزيز، ويَبسُط يده للتائبين، ويدعوهم "لعلّ إلوهيم يعود"، ويحتمي ويتعصّب على الأشرار، ويَعزِلُ ويوَلّيُ، وبين يديه "أُلوفُ أُلوفٍ تخدمه ... الخ".هذا كُلّه وأمثاله يراه النبيّ في لحظة، وتحصل الهيبة، والمحبّة مغروزة في نفسه طول عمره، ويمشي عاشقًا هيمانًا طول دهره رغبة في أن يتراءى له مرّة ثانية أو ثالثة. وقد استُعظِمت لسليمان المرّتان كقوله: "الإله الذي تراءى له مرتين". أيحصل مثل هذا لفيلسوف بفكره؟

6. قالَ الخَزَرِيُّ: لا يمكن ذلك، لأنَّ الفكر إنّما هو كالحديث، ولا يمكن وصف شيئين معًا، وإن أمكن ليس يمكن السماعَ تحصيلها معًا. فإنَّ الجزئيات التي أراها من المدينة وأهلها في ساعة واحدة ليس يحملها ديوان كبير. وقد حصل لي في حين واحد حبّ في المدينة أو بغض، ولو تُلِيَ عليَّ ذلك في ديوان، لم يحصل في نفسي لا سيّما والفكر يتشوّش بما يطرأ عليه من الوهم والخيال بأشياء تقدّمت فلا يصفو له شيء تامّ.

7. قالَ الحَبْرُ: لكنّا كالعُمش الذين لا يحتملون إبصار ذلك النور فنقتدي بالبُصراء الذين تقدّمونا القادرين على رؤيته. فكما أنَّ البصير لا يمكنه أن يرى الشمس ويدل غيره عليها ويُدركهُ في النظر إليها، إلاّ في أوقات نوبة النهار، وفي مواضع مُشْرِفَة تشرق عليها الشمس، كذلك البصير بالنور الإلهيّ، له أوقات ومواضع فيها يرى ذلك النور. فالأوقات هي أوقات الصلوات لا سيّما في أيام "التوبة"، والمواضع هي مواضع النبوّة.

8. قالَ الخَزَرِيُّ: فأراك مقرًّا بأرباب الساعات والأيام والمواضع كالمنجّمين!

9. قالَ الحَبْرُ: وكأنّا ندافع في أنَّ للعلويات تأثيرًا في الأرضيات؟ بل نُقرّ أنَّ موادّ الكون والفساد من قِبَل الفلك، لكنّ الصور من قِبَل مدبّرها ومصرّفها وجاعلها آلات لإقامة كلّ ما شاء من المتكوّنات، من غير أن ندري تفصيلها. والمنجّم يدّعي التفصيل والتحصيل، ونحن ننكر عليه ذلك، ونقطع أنّه لا يدرك ذلك بشريّ. فإنْ وجدنا من ذلك العلم شيئًا مُسندًا إلى علم إلهيّ شريعيّ قبلناه، وبذلك تطيب الأنفس على ما ذُ ُكر من العلم النجوميّ عند "الحكماء طاب ذكرهم" طمعًا أنّه محمول عن قوّة إلهية فهو حقّ، وإلاّ فكلّه تخرّص، وقرعة في السماء أصدق منها قرعة التراب. فإذَنْ مَنْ يرى تلك الأنوار هو النبيّ الحقّ، والموضع الذي تُرى فيه هو القبلة حقًّا، لأنّه موضع إلهيّ، والشريعة التي تأتي من قِبَلِه هي شريعة حقّ.

10. قالَ الخَزَرِيُّ: بل الشرائع التي بعدكم إذا أَقرَّتْ بالحقّ ولم تُنكِرهُ، فكلّهم يفضّل ذلك الموضع، ويقول إنّه معراج الأنبياء وباب السماء، وموضع الحشر، وإنَّ النفوس إليه تُحشر، وأنَّ النبوّة في بني إسرائيل بعد تفضيل آبائهم، والإقرار بـ"حدث التكوين" و"الطوفان"، وأكثر ما في التوراة، ويحجّون إلى ذلك الموضع المعظّم.

11. قالَ الحَبْرُ: إنمّا كنتُ أشبّههم بـ"المتهوّدين" الذين لم يقبلوا جميع فروع الشرائع لكن أصولها لولا تناقُض أفعالهم مع

أقوالهم. وأنَّ تفضيلهم لموضع النبوّة بالقول، مع استقبالهم مواضع كانت للأوثان في مواضع اتّفق أن كان فيها جمهورهم، لم يُرَ فيها أثر إلهيّ، مع إبقائهم رسوم العبادات القديمة، وأيام حجّها ومناسكها. ولم يغيّروا غير الصُوَر التي كانت هناك محوها ولم يمحوا رسومها، حتّى كِدْتُ أقولُ إنَّ قوله تعالى: "وتعبُدُ هناكَ إلوهيم [آلهة] أخرى مِنْ خَشَبٍ وحَجَرٍ" وتكريره مرورًا إنّما هو إشارة إلى الذين يعظّمون الخشبة والذين يعظّمون الحجر. ونحن مع الأيام نستحيل إليهم "بفعل خطايانا".نعم، إنَّ اعتقادهم ليس إلاّ للإله مثل قوم أبيملك وقوم نينوه ومتفلسفين في جانب الله. وقائد كلّ واحدة من الطائفتين يقال إنّه أدرك تلك الأنوار الإلهية في معدنها، أعني في "أرض إسرائيل"، وأنَّ مِنْ هناك عُرِّج به إلى السماء وأمر أن يهدي أهل المعمورة كلّها، وكانت قبلتهم تلك الأرض، فلم يلبث الأمر إلاّ قليلًا حتّى صارت قبلتهم حيث جمهورهم. أليس هذا بمنزلة مَنْ أراد أن يهدي الناس كافّةً إلى موضع الشمس، لكنّهم عُمْش لا يقدرون عليه ولا يدرون مجراها، فحملهم إلى قطب الجنوب أو الشمال، وقال لهم ههنا الشمس استقبلوها تروها فلا يرونها.وكان القائد الأوّل موسى عليه السلام قد أوقف الجمهور عند "طور سيناء" ليروا النور الذي رآه هو، لو قدروا عليه كقدرته، ثمّ دعا "السبعين شيخًا" ورأوه، كما قال: "ورأوا إله إسرائيل". ثمّ جمع "السبعين" الثواني فحلّهم من نور النبوّة ما ناسبوه به، كما قال: "وأخذَ من الرُّوحِ الذي عليهِ وجعلَ على السبعينَ رجُلًا الشيوخَ". فيشهدُ بعضُهُم لبعضٍ فيما يرونه وما يسمعونه، وتُنتفى الظنون السوء من الأمّة أن يُظنّ النبوّة دعوى مَن ادّعاها من الأفراد، إذ لا يجوز الاصطلاح على تلك الجماهير، لا سيّما إذ كثروا وصاروا جماعات مستوين مع أليشع في علمِ يومَ رُفِعَ إلياهو عليه السلام في قوله: "أتعلمُ أنّهُ اليومَ يأخذُ يهوه سيّدَكَ". وكلّهم شاهدٌ لموسى عليه السلام مؤكّدٌ شريعتَهُ.

12. قالَ الخَزَرِيُّ: لكنّهم أقرب إليكم من الفلاسفة.

13. قالَ الحَبْرُ: بعيدٌ ما بين المتشرّع والمتفلسف. لأنَّ المتشرّع يطلب الربّ لمنافع عظيمة حاشي منفعة العلم به، والمتفلسف إنّما يطلبه ليصفه على حقيقته، كما يطلب أن يصف الأرض أنّها، مثلًا، في مركز الفلك الأعظم، وليست في مركز فلك البروج، وغير هذا من المعارف، وأنّه لا يضرّ الجهل بالله إلاّ كالجهل بالأرض لمَنْ قال إنّها سطحٌ. والمنفعة عنده إنّما هي علم الأشياء على حقائقها يتشبّه بالعقل الفعّال فيصير هو هو كان صِدّيقًا أو زنديقًا لا يبالي إذا تفلسف. ومن أصول اعتقاده "أنّ الله لا يحسنُ ولا يسيءُ"، وأن يعتقد القدم للدنيا فلا يرى أنّها كانت قطّ عدمًا حتّى خُلقت، بل لم تزل ولن تزال، وأنّ الله تعالى خالقها على المجاز، لا على مفهوم اللفظ، وإنّما يريد بخالق صانع أنّه سببه وعلّته، ولم يزل المعلول مع العلّة، إنْ كانت العلّة بالقوّة فالمعلول بالقوّة، وإنْ كانت بالفعل فالمعلول بالفعل. والله تعالى علّة بالفعل، فمعلوله بالفعل مهْما هو علّته.لكنّهم وإنْ بَعَدوا هذا البُعد فإنّهم يُعذَرون إذ لم يُمكَّنوا من العلم الإلهيّ إلاّ بطريق القياس، فهذا ما أدّى إليه قياسُهم. فمنصفوهم يقولون للمتشرّعين ما قال سقراط: يا قوم إنَّ حِكمَتَكُم هذه الإلهية لست أُنكرها، لكنّي أقولُ لستُ أحصرها وإنّما أنا حكيم بحكمة إنسانية.وأمّا هذه الملل فبقدر ما قرَّبوا بعدوا، وإلاّ فإنَّ يربعام وشيعته أقرب إلينا وكانوا "عبدة آلهة غريبة"، وهم "من بني إسرائيل" مختتنون، محافظون على السبت وسائر الشرائع، حاشى قليل ممّا دعتهم ضرورة سياسية إلى الخلاف فيها، وهم مُقرّون "بإله إسرائيل" المُخرجهم من مصر كما قلنا في عاملي العجل في "الصحراء". فغاية ما فضلهم هؤلاء بنفي الصور. وأمّا منذ حرّفوا القبلة وطلبوا الأمر الإلهيّ حيث لا يوجد، حاشي تغييرهم لأكثر الشرائع السمعية، فقد بعدوا جدًّا.

14. قالَ الخَزَرِيُّ: ينبغي أن يُفرَّق بين شيعة يربعام وبين شيعة أخآب تفريق. فإنَّ "عبدة البعل إنّما هم عبدة آلهة غريبة" بالبتات، وفي ذلك قال إلياهو: "إن كان يهوه هو إلوهيم فاتبعوه، وإن كان البَعلُ فاتبعوهُ". وفيهم تشكَّكَ الحكماءُ كيف أكل حتّى يهوشفط من طعام أخآب. ولم يقعوا في مثل هذا في شيعة

يربعام، ولا وقع إنكار إلياهو في "عبادة العجول"، إذ قال: "قد غِرْتُ غيرةً ليهوه إله الجنود"، فإنَّ شيعة يربعام "ليهوه إله إسرائيل" كان جميع أعمالهم، وأنبياءهم "أنبياء يهوه". وأنبياء "أخآب أنبياء البعل". وقد أقام الله ياهو ليمحو أثر أخآب، واجتهد ذلك الاجتهاد في تلك الحيلة بقوله: "إنَّ أخآب قد عَبَدَ البَعلَ قليلًا، وأمّا ياهو فإنّه يعبدُهُ كثيرًا"، حتّى محا أثر البعل. ولم يعترض للـ"عجول"، فأصحاب "العجل" الأوّل، وشيعة يربعام، وأصحاب "المرتفعات" و"تمثال ميخا"، لم يكن جميعهم إلا قصدًا "لإله إسرائيل". لكن، مع المعصية يستحقّ أهلها القتل، كمَنْ يتزوّج أخته لضرورة أو لشهوة لكن يمتثل شروط الزوجية على ما أمر الله بها، أو كَمَنْ يأكل الخنزير لكن يتحفّظ بالذبيحة ومن الدم وغير ذلك من شروط المآكل على ما أُمر به.

15. قالَ الحَبْرُ: لقد نبّهتَ على موضع شكّ وليس عندي فيه شكّ. فقد خرجنا عن غرضنا في الصفات فلنعد إليها.وأزيدك بيانًا بالمثال من الشمس، التي هي واحدة، لكن تختلف نِسَب الأجسام القابلة لها. فأكملُها قبولًا لنورها الياقوت والبلّار مثلًا، والهواء الصافي والماء، فيتسمّى في هذه نور ثاقب، ويتسمّى في الحجارة اللامعة والسطوح الصقيلة نور لامع مثلًا، وفي الخشب والأرض وغير ذلك نور لائح، وفي جميع الأشياء عمومًا نور مطلق دون تخصيص.فالنور المطلق هو بمنزلة قولنا إلوهيم كما قد تبيّن. ونور ثاقب هو بمنزلة يهوه، اسم علم خاصّ بالنسبة التي بينهُ وبينَ أكمل مخلوقاته في الأرض، أعني الأنبياء، التي أنفسهم شفافة قابلة لنوره ينفذ فيها كنفوذ نور الشمس في البلّار والياقوت. وهذه الأنفس لها معدن ومقطع من لَدُنِ آدم، كما قد تبيّن، تنساق الصفوة واللُبّ، جيلًا بعد جيل وقرنًا بعد قرن، وتخرج عامة الدنيا، حاشى ذلك اللّب، قشورًا وأوراقًا وصموغًا وغير ذلك. فيتسمّى إله هذا اللُبّ خاصّة يهوه، ولاتّصاله بآدم نُقل اسم إلوهيم، بعد فراغ "حدث التكوين"، إلى يهوه إلوهيم، كما قالوا "طاب ذكرهم": "اسم كامل على عالَم كامل". وكمال العالَم إنّما كان بآدم الذي هو لُبّ كلّ ما تقدّمه. والمعنى المراد بإلوهيم ليس يُنكره عاقل، إنّما

يقع الإنكار في يهوه، إذ النبوّة غريبة نادرة في الأفراد فكيف في جماعة. ولذلك أنكرَ فرعون وقال: "لا أعرفُ يهوه"، كأنّه فهم من لفظ "يهوه الصريح" ما يُفهَم من النور الثاقب، فدلّه على إله يتّصل نوره بالناس وينفذ فيهم. فقال له زيادة: "إله العبرانيّين"، إشارة إلى "الآباء" الذين شُهروا بالنبوّة والكرامات.وأمّا إلوهيم فتراه اسمًا شائعًا في مصر في قول فرعون الأوّل ليوسف: "بعد ما أَعلَمَكَ إلوهيم كلّ هذا"، وقال: "رجلًا فيه روح إلوهيم". كما لو أنَّ إنسانًا واحدًا يرى الشمس وحده ويدري مشارقها ومواضع جريها، وكنّا نحن لم نرها قطّ لكن نتصرّف في ظلّ في غيم، فنرى منازله مُضيئة أكثر من منازلنا، لعلمه بمجرى الشمس، فيضع لها كُوًى وروازن بحسب ما يريد. وكذلك نرى زرعاته وغرساته تنجب، ويقول لنا إنَّ ذلك لعلمه بالشمس، لأنكرْنا ذلك وقلنا ما الشمس؟ وإنّما ندري نحن الضوء ومنافعه كثيرة لكن تجيئنا بالاتّفاق. فيقول هو أنا يجيئُني منه ما شئت ومتى شئت، لأنّي عالم سببه وكيف جريه، فإذا أعددت له ووطّأتُ وتحفّظتُ بجميع أعمالي في الأوقات المعلومة عندي لم أخِبْ من منافعه كما ترون.واسم يهوه هو المُكنَّى عنه بـ"الوجه" في قوله: "وَجْهِي يسيرُ"، "إنْ لم يَسِرْ وَجهُكَ"، وهو الغرض المطلوب في قوله: "فليسرِ يهوه في وسطنا". ومعنى إلوهيم يُدرَك بالقياس، لأن العقل يؤدّي إلى أنَّ للعالم حاكمًا وناظمًا، ويختلف الناس فيه بحسب قياساتهم، وأولَى الآراء فيه رأي الفلاسفة. وأمّا معنى يهوه فلا يُدرَك قياسًا، لكن مشاهدةً بذلك البصر النبويّ الذي به يصير الإنسان يكاد أن يفارق نوعه ويتّصل بنوع مَلَكيٍّ وتصير فيه "روح أخرى"، كما قيل: "وتتحوّلُ إلى رجلٍ آخرَ"، "وأنَّ إلوهيم حَلَ له قلبًا آخرَ"، "ولبسَ الروحُ عماساي"، "كانت عليَّ يدُ يهوه"، "وبروحٍ كريمةٍ اعْضُدْني"، كناية عن "روح القُدُس" الملابسة للنبيّ حين النبوّة، و"للنَّذير" و"للمسيح" إذا مُسح "للكهانة" أو "للملكوت" حين ما يمسحه النبيّ أو حين ما يُؤيّده الله ويُرشده لأمر ما، أو حين يُنبَأ "الإمام" بعلم الغيب عند شغاله في "الأوريم" و"التُّميم". فحينئذ تنفكّ للإنسان الشكوك المتقدّمة التي كان يشككها في إلوهيم، ويستخفّ بتلك القياسات المُستعملة ليُحصّل منها علم الربوبية والوحدانية،

وحينئذ يحصل الإنسان عابدًا عاشقًا لمعبوده، مُستهلَكًا في حُبِّه لعظيم ما يجده من لذّة الاتّصال به، والضُرِّ والأذَى بالبُعدِ عنه، بخلاف المتفلسفين الذين لا يرون في عبادة الله إلاّ حُسْن أدب وقول الحقّ في تعظيمه على سائر الموجودات، كما ينبغي أن تُعظَّم الشمس على سائر المرئيات، وأنَّ ليس في الكفر بالله أكثر من خساسة النفس راضية الكذب.

16. قالَ الخَزَرِيُّ: قد تبيّن لي الفرق بين إلوهيم ويهوه، وفهمت ما بين "إله" إبراهيم و"إله" أرسطوطاليس، وأنَّ يهوه "تبارك" يُتشوّق إليه شوقًا ذوقًا ومشاهدة، وإلوهيم يُمال إليه قياسًا، وذلك الذوق يدعو مَنْ أَدرَكَهُ إلى الاستهلاك في حُبِّه والموت دونه، وهذا القياس يَرى أنَّ تفضيله واجب مهما لم يضرّ ولا احتُمل من أجله مشقّة. فلْيُعذَر أرسطوطاليس إذا استخفَّ بأعمال الناموس إذ يتشكّك هل يعلم الله ذلك.

17. قالَ الحَبْرُ: وبحقّ احتمل إبراهيم ما احتمله في أور كسديم، ثمّ التغرّب، ثم "الاختتان"، ثمّ إطّراح إسماعيل، ثمّ همّه بذبح إسحق، إذ شاهد ما شاهد من الأمر الإلهيّ ذوقًا لا قياسًا، ورأى أنّه لا يَخفى عنه شيء من جزئياته، ورآه يجازيه على خيره مع اللحظات، ويهديه إلى مراشده، حتّى لا يُقدِّم ولا يُؤخِّر إلاّ بإذنه. فكيف لا يَستخفُّ بقياساته القديمة. وكما "فسَّرَ الحكماء طاب ذكرهم" في "قصّة ويُأتى به خارجًا": "قال له: أُخرج مِنْ تَنجِيمِكَ". يعني أنّه أمره أن يترك علومه القياسية من النجوم وغير ذلك ويلتزم طاعة من أُدركَ ذوقًا، كما قيل: "ذوقوا وانظروا ما أطيبَ يهوه".فبحقّ تسمّى يهوه بإله إسرائيل، إذ هذا النظر معدوم في غيرهم. وتَسمّى بـ"إله الأرض"، إذ لها خصوصية من هؤلاء، وأرضها وسماؤها مُعينَةٌ على ذلك مع القرائن التي هي كالفلاحة والتوطئة لإنجاب هذا الصنف. وكلّ من اتّبع الناموس الإلهيّ فإنّما هو تابع لذوي هذا البصَر، وتطيب نفوسهم على تقليدهم على سذاجة كلامهم وغلظ أمثالهم، ما لا تطيب على تقليد الفلاسفة، على رقّة حكاياتهم وحسن نظام تواليفهم، وما يلوح عليها من البرهان،

لكن لا تتبعهم الجماهير. كأنَّ النفوس وُحِيَ إليها بالحقّ كما قيل: "جليّة هي أقوال الحقّ".

18. قالَ الخَزَرِيُّ: أراكَ تُنحي على الفلاسفة، وتنسب إليهم ضدّ ما شُهِر عنهم، حتّى من اعتزل وتزهّد قيل إنّه تفلسف وأخذ برأي الفلاسفة، وأنت تسلبهم كلّ عمل صالح.

19. قالَ الحَبْرُ: بلى، إنَّ الذي قُلتُ هو أصل عقيدتهم. إنَّ السعادة القصوى للإنسان إنّما هو العلم النظريّ وحصول الموجودات معقولات بالعقل بالقوّة، فيصير عقلًا بالفعل، ثمّ عقلًا مستفادًا مقاربًا للعقل الفعّال فلا يخاف الفناء. وهذا لا يتمّ إلاّ بإفناء العمر في البحث ودوام الفكر، وهذا لا يتمّ مع شغل الدنيا. فلذلك رأوا بالزهد في المال والجاه واللذّة والبنين كي لا تشغله عن علم. فمتى حصل الإنسان عالِمًا بتلك الغاية المطلوبة من العلم، فلا يبالي بما يعمل، فإنّهم لا يتورّعون ليُجازَوا [على تورّعهم، ولا يرون أنَّ على أخذهم] مالًا حرامًا [أو قَتْلِهم] كانوا يُعاقَبون عليه. لكن أَمروا بالمعروف ونهوا عن المنكر بطريق الأَوْلَى والأفضل، والتشبّه بالخالق الذي وضع الأمور على الطريق الأصلح، فأنتجوا النواميس، وهي سياسيات غير لازمة، لكن مستثنًى بها، إلاّ إنْ كانت ضرورة. وليس الشريعة كذلك، إلاّ في أجزاء سياسية، قد تبيَّنَ في العلم الشريعيّ ما يَحتمل الاستثناء وما لا يَحتمله.

20. قالَ الخَزَرِيُّ: لقد طُمس هذا النور الذي تصفهُ طموسًا يُستبعد ظهوره ودَثَر دثورًا لا يُظَنّ بجبره.

21. قالَ الحَبْرُ: إنّما طُمس في عين مَنْ لا يرانا بعين البصيرة، فيَستَدلُّ من ذلّتنا ومسكنتنا وشتاتنا على طَمس نورنا، ويَستَدلُّ من ظهور غيرنا وظفره بالدنيا واستيلائه علينا على أنَّ له نورًا.

22. قالَ الخَزَرِيُّ: لستُ استدلُّ بهذا، فإنّي أرى الملّتين المتضادّتين ظافرتين، وليس يمكن أنْ يكون الحقّ في طرفي

النقيض لكن في أحدهما، أو ليس في واحد منهما. وقد فسّرت لي في "قصّة هُوذا عبدي يَعقِلُ"، ما دلّ على أنَّ الذلّة والخضوع أليق بالأمر الإلهيّ من الظهور والتجبّر. وهذا أيضًا مشهور عند الملّتين.فإنَّ النصارى ليس يستظهرون بالملوك والجبابرة والأغنياء، لكن بأولئك التابعين لـ"يسوع" طول تلك المدّة المديدة التي لم يقم فيها دينه، وكانوا أولئك يُنتفون ويَختفون ويُقتَلون حيث ما وُجِد منهم واحد، وحَملوا على نصرة دينهم عجائب من الذلّ والقتل. فهم الذين يُتبارَكُ بهم، وتُفضَّلُ مواضعهم ومصارعهم، وتُبنَى الكنائس على أسمائهم.وكذلك أنصار صاحب الإسلام قد حملوا من الذلّ كثيرًا حتّى نُصِروا، وبأولئك يستظهرون، وبهم وبذلّتِهم وموتهم شُهداءَ يَفتخرون، لا بالأمراء المستظهرين بأموالهم وسعة أحوالهم، بل بالذين يلبسون الخَلَق ويأكلون الشعير ولا يشبعون. لكن يا حبر اليهود كان منهم هذا مع غاية الاعتزال والانقطاع إلى الله تعالى، فلو رأيتُ اليهودَ يفعلون هذا لذات الله لفضّلتُهم على الملوك الداوديّة لأنّي أعلم ما علّمتني في قول: "وَمَعَ المُنْسَحِقِ والمُتَوَاضِعِ الرُّوحِ ... الخ"، وأنَّ نور الله إنّما يحلّ بنفوس المتواضعين.

23. قالَ الحَبْرُ: حقٌّ لكَ أنْ تُعيِّرَنا بهذا، لأنّا حصلنا على الذلّ دون نتيجة. لكن إذا تفكّرتَ في المتفكّرين منّا الذين كانوا يقدرون على دفع الذلّ عن أنفسهم بكلمة يقولونها دون كلفة، ويحصلون أحرارًا، ويصولون على مستعبديهم، فلا يفعلون ذلك محافظةً على دينهم. أليست هذه صلة تشفع وتستغفر ذنوبًا كثيرة؟ ولو كان الذي تطالبني به، لما لبثنا في هذه الحالة، مع أنَّ لله فينا سرًّا وحكمةً، كالحكمة في البزرة التي تقع في الأرض فتتغيّر وتستحيل في الظهور إلى الأرض والماء والزبل، وليس يبقى لها أثر محسوس على ما يَظنُّ الناظرُ إليها، وإذا بها هي التي تحوّل الأرض والماء إلى طبعها وتنقلها درجة درجة حتّى تُلطِّف العناصر وتردُّها إلى مثل نفسها، وتدفع قشورًا وأوراقًا وغير ذلك، حتّى إذا صفا اللباب وصلح ليحلّه ذلك الأمر وصورة البزر الأوّل، أثمرت تلك الشجرة مثل الثمر الذي منه كان بزرها. فهكذا دين موسى، كلّ مَنْ جاءَ بعده يستحيل إليه في الحقيقة، وإنْ كان في الظاهر دافعًا له.فهذه

الملل إنّما هي توطئة ومقدّمة "للمسيح" المُنتَظر الذي هو الثمرة، ويصير كلّهم ثمره إذا أقرّوا له، وتصير الشجرة واحدة، وحينئذ يفضّلون الأصل الذي كانوا يرذلونه، وكما قلنا في "قصّة هُوذا عبدي يَعقِلُ". ولا تلتفتْ إلى بُعد هؤلاء عن الأوثان واجتهادهم في التوحيد فتفضّلَهم، وترى "بني إسرائيل" في عين النَّقيصة لاتّخاذهم المعبودات في دولتهم فتنقّصهم، والتفتْ إلى ما ينطوي عليه الكبير منهم من الزندقة، بل قد يصرّحون بها ويقولون فيها الأشعار المشهورة المحفوظة من أنَّ لا مالك لأعمال الناس ولا مُجازيَ ولا معاقب عليها، ما لم يُذكر قطّ عن "بني إسرائيل". وإنّما كان القوم طالبي منافع تلك الطلاسم والروحانيات زيادة على دينهم، وهم محافظون على شرائعهم، لشهرة المنفعة بتلك العبادات حينئذ. وإلاّ فلِمَ لَمْ يستحيلوا إلى أديان الأمم الذين جلوهم وسبوهم. حتّى مَنَسَّى وصدقيا، وأفسق مَنْ كان في "بني إسرائيل"، لم يرضَ ترك دين إسرائيل. نعم، كانت لهم أهواء في زيادة منافع من ظفر وبركة مال بتلك الخواصّ التي كانت عندهم مجرَّبة ممّا نهى الله عنها. ولو كان لها اليوم تلك الشهرة لرأيتَنا اليوم نحن وهم منخدعين لها، كما ننخدع للبقايا الباردة مِن نجوم ورُقًى وعزائم وتجاريب بعيدة من الطبيعة مع إبعاد الشريعة لها.

24. قالَ الخَزَرِيُّ: أريد الآن تلوِّح لي بشيء من بقايا العلوم الطبيعية التي ذكرتَ أنّها كانت عندكم.

25. قالَ الحَبْرُ: منها "كتاب المبادئ" "لأبينا إبراهيم عليه السلام"، فيه غموض وشرحه طويل، دلّ على الوحدانية والربوبية بأشياء مختلفة متكثّرة من جهة، لكنّها متّحدة متّفقة من جهة أخرى. واتّفاقها من جهة الواحد الذي ينظّمها فمنها سِفَر وسِفُور وسَفِر [عَدَّ، وقِصَّة، وكِتَاب]. أراد بالـ"عَدَّ" التقدير والتقسيط في الأجسام المخلوقة، لأنَّ التقدير حتّى يكون الجسم منظومًا متناسبًا، يصلح لما خُلِق له، إنّما يكون بالعدد. وأمّا المساحة والكيل والوزن وتَناسُب الحركات ونظام الموسيقى فكُلّها بالعدد، أعني "عَدَّ"، كما ترى البنّاء لا يصدر عنه بيت إلاّ وقد تقدّم تصوّره في نفسه. وأراد بالـ"قِصَّة"

النطق، لكنّه نطقٌ إلهيٌّ "وَحَى كلام إلوهيم الحيّ"، يَقترنُ به حضور الهيئة والشكل الذي نُطق به، كقوله: "ليكنْ نورٌ"، "ليكنْ جَلَدٌ"، فما فرغ القول حتّى حضر العملُ. وهو "كِتَاب" يعني به الخطّ. وخطّ الله هي مخلوقاته. وكلام الله هو خطّه. وتقدير الله هو كلامه. فصار "العَدَّ" و"القِصَّة" و"الكِتَاب" في حقّ الله شيئًا واحدًا، وفي حقّ الإنسان ثلاثة، فإنّه يقدّرُ بذهنه وينطقُ بفمه ويكتبُ بيده ذلك الكلام ليدلّ بهذه الثلاثة على شيء واحد من مخلوقات الخالق، ويصير تقدير الإنسان ولفظه وخطّه علامات دالّة على الشيء لا نفس الشيء.وأمّا تقدير الله وكلامه فهو الشيء بعينه، وهو خطُّه، كما لو تخيّلتَ دبّاجًا يفكّر في صناعته والحرير يطاوعه، فيَتَلَوَّن بالألوان الخاطرة بباله، ويتركّب التركيبات التي يريدها، فيكون ذلك الديباج بأمره وبخطّه. فلو كنّا نقدر إذا لفظنا بإنسان، أو خطّطنا جسم إنسان، أن نُحضر صورته لَكُنّا قادرين على النُطق الإلهيّ والخطّ الإلهيّ، ولَكُنّا خالقين، كما نَقدِرُ بعض القدرة في التصوير العقليّ. لكن اللغات والخطوط تتفاضل، منها ما أسماؤها شديدة المطابقة لمُسمَّياتها ومنها بعيدة.واللغة الإلهية المختَرَعة التي لقّنها الله آدم، وألقاها على لسانه وفي خاطره، هي لا محالة أكمل اللغات وأشدّها مطابقة لمسمَّياتها، وكما قيل: "وكلُّ ما دعا به آدمُ ذات نَفسٍ حيَّةٍ فهو اسمُهَا"، يعني أنّه يستحقّ ذلك الاسم ويطابقه ويُنَبِئ عن طبيعته، فوجب تفضيل "اللغة المقدّسة"، وأنَّ "الملائكة" أشدّ انفعالًا لها من غيرها. ومن هذه النسبة يقال في الخطّ إنَّ أشكال حروفه ليست جُزافًا واتّفاقًا، بل لغرض يطابق المقصود من حرف حرف. فلا يُستبعَد بهذا النظر تأثير "الأسماء" وما جرى مجراها من طريق اللفظ والخطّ، وقبلهما التقدير، أعني فكرة النفس الخالصة المتشبّهة بالملائكة.فيجتمع الثلاثة "كُتُب"، "عَدَّ وقِصَّة وكِتَاب" بشيء واحد، فيحدث ذلك الشيء المقدَّر، كما قَدَّرَهُ ذو النفس الخالصة وكما نَطَقَ به وكما خَطَّهُ. وكذلك قال هذا الكِتَاب عن الله تعالى: "خلق عالمه في ثلاثة كُتُب عَدَّ وقِصَّة وكتاب"، وكلّها في حقّه تعالى واحد، وذلك الواحد مبدأ "اثنين وثلاثين سبيل خفيّات الحكمة"، التي هي "عشرة الأعداد واثنين وعشرين حرفًا". أشار إلى خروج الموجودات إلى الفعل أنّها تتميّز بالكمية

والكيفية. والكمية عدد، وسرّ العدد إنّما هو في "العشرة"، كما قال: "تجد العشرة الأعداد المحظورة، عشرة ولا تسعة، ولا أحد عشر" ولها سرّ مكتوم لِمَ وقف الحساب على عشرة لا زايد ولا ناقص. ولذلك أتْبعَهُ بقول: "فافهم ذلك بحكمة، وتحكّم فيه بفهم، وتقصَّى فيها وانظر بها، واعلم وتفكّر واعتقد، وضع الأمر على واضِحِهِ، وثبّت الخالق على هيأته، وبإزائها العشرة لا نهاية لها". ثمّ ذكر تميّزها بالكيفية وقسَّمَ "الاثنين والعشرين حرفًا" "ثلاثة" أقسام "ثلاثة أصول وسبعة مضاعفة واثنتي عشرة بسيطة". فقال "ثلاثة أصول [أ] [م] [ش]، "ولها سرّ عظيم مستور عجيب فاخر، من ذلك تستخرج النار والهواء والماء التي منها خُلق الكلّ". وجعل تناسب هذه الأحرف مع تناسب العالم الأكبر والأصغر، أعني الإنسان، وتناسب الزمان واحدًا. وسمّاها "شهود ثقات العالم والنفس والسنة". أعلَمَنا أنَّ النظام واحد عن ناظم واحد تعالى وتقدّس، وإنْ اختلفت الموجودات وتباينت، فاختلافها عن موادّها التي هي مختلفة منها العالي ومنها الأسفل ومنها الكدر ومنها الصافي. وأمّا من قِبَل واهب الصُوَر ومعطي الهيئات والنظام، فالحكمة فيها كلّها واحدة، والعناية متّفقة منتسقة على نظام واحد في العالم الأكبر وفي الإنسان وفي نظام الأفلاك، وهي التي قال عنها إنّها "شهود ثقات" على وحدانيّته، "عالم ونفس وسنة". وصيّر نظامها على التقريب على هذا المثال. الأصول

الثلاثةأمش في العالمأوير[هواء]ميم[ماء]إش[نار] في
النفسجثّةبطنرأس في السنةريَّانَة[رطوبة]بردحرّ سبعة
مضاعفةبجدكفرتفي
العالمزُحَلالمشتريالمِرّيخالشَّمسالزُّهرةعُطارِدالقمرفي
النفسحكمةثراءسُلطانحياةلطفنسل/زرعسلامةفي
السنةالسبتالخميسالثلاثاءالأحدالجمعةالأربعاءالاثنينالأحرف
الاثناعشر البسيطةهوزحطي في
العالمالحَمَلالثورالجوزاءالسرطانالأسدالسنبلة [العذراء] في
النفسعضو للرّؤيةعضو للسّمععضو للشمّعضو للتكلّمعضو
للتذوّقعضو للتحسّس في
السنةنيسانأيارسيوانتموزآبألول لنسعصق في
العالمالميزانالعقربالقوسالجديالدَّلوالحوت في

النفسعضوللفعلعضوللمشيعضوللتفكّرعضوللغضبعضوللضح كعضوللنوم في السنةتشريمرحشونكسلاوطبتشبطأدر "واحد فوق الثلاثة، والثلاثة فوق السبعة، والسبعة فوق الاثنا عشر".وفي هذه الأعضاء موضع تشكّك، مثل "كُلًى مشيرة" و"طحال ضاحك" و"كبد غاضب" و"معدة نائمة". ولا يُنكَر أن يكون للكُلَى قوّة في جودة الرأي، إذ نرى مثل ذلك للأنثيين، لأنّا نرى الخصيان أضعف عقولًا من النساء، ولمّا عدموا الأنثيين عدموا اللحية وجودة الرأي. وأمّا "الطحال الضاحك" فلأن بقوّته الطبيعية ينقّي الدم والرئة من العَكَر والكدر، وبنقائهما يكون الطرب والضحك. وأمّا "الكبد الغاضب" فللمَرار المتولّد فيه. وأمّا "المعدة" فكناية عن آلات الغذاء. ولم يذكر القلب لأنّه رئيس، ولا الحجاب والرئة، لأنّهما خادمان له خاصّةً وليسا خادمَيْن لجميع البدن إلاّ بطريق العَرَض لا بقصد أوّليّ. والدماغ داخل في تفصيل الحواسّ الناشئة منه، وكيف وإنَّ للأعضاء التي دون الحجاب الفاصل سرًّا لأنّها هي الطبيعة الأولى، والحجاب فاصل بين عالم الطبيعة وعالم الحيوان. كما أنَّ العنق حاجز بين عالم الحيوان وعالم النطق كما ذكر أفلاطون في طيماوس.فالمعادن الأولى إنّما هي من عالم الطبيعة، وهناك أصل الكون، فإنَّ من هناك ينبعث "المنى" وهناك يتخلّق الجنين فيما بين أربع طبائع. ومن هناك اختار تعالى الأعضاء المقرّبة "الحليب والدم وغشاء زائدة الكبد والكليتين" ولم يختر قلبًا ولا دماغًا ولا رئة ولا حجابًا. والسرّ أغمض والشرح محظور. وقد قيل "لا يُطلب التفسير في كتاب المبادئ" إلاّ بشروط قليلًا ما تتّفق.ثمّ قال: "والسبع المضاعفة ستّ جهات لستِّ جهات في وسطها القُدُس، فبذلك نقول إنَّ الخالق متوسّط عالمه وهو الحامل له والقائم به، وليس عالمه حاملًا له ولا قائمًا به"، إشارة إلى الأمر الإلهيّ المؤلِّف بين المتضادّات وشبّهه بالنقطة والمركز من الجسم ذي الستِّ جهات والثلاثة امتدادات، ومهما لم تفرض الوسط لم تنفرض الأطراف، فنبّه على المناسبة التي بين هذه وبين القوّة الحاملة للكلّ، وبها تأتلف المتضادّات بالمناسبة المفروضة في "عالم ونفس وسنة"، فإنّه جعل لكلّ واحد منها شيئًا ضابطًا لأجزائه ناظمًا لها، فقال: "تِنّينٌ في العالَم كالمَلِك على عرشه، فَلَكٌ في

السنة كالمَلِك في المدينة، قَلْبٌ في النفس كالمَلِك في الحرب".
"تِنّين" اسم الجَوْزَهْر، أشار به إلى عالم العقل، لأنَّ الجوزهر به يكنَّى عن الأشياء الخفية التي لا تُدرَك بالحسّ. وأراد بالـ"فَلَك"، فَلَك الشمس المائل، لأنَّ به تنتظم أجزاء السنة. و"قَلْب" ناظم الحيوان ومَلِك أجزائه. وأراد أنَّ الحكمة في الثلاثة واحدة، والأمر الإلهيّ واحد، والخلاف بينها إنّما هو باختلاف هيولاها، فشبّه الأمر إذا دبّر الروحانيّين "مَلِك على عرشه" الذي تنقضي أوامره بأيسر إشارة عند خاصّته وخدمه العارفين به من غير حركة منه ولا منهم. وشبّهه إذا دبّر الأفلاك "كمَلِك في المدينة"، لأنّه يحتاج إلى أن يظهر في أقطار المدينة ليُظهِر على كلّ جُزء منها سلطانه وهيبته ومنافعه. وشبّهَهُ إذا دبّر الحيوان "كمَلِك في الحرب"، لأنّه بين الأضداد يروم تغليب مؤالفيه وقمع مخالفيه. والحكمة واحدة، فليست الحكمة في الأفلاك بأعظم من الحكمة في أقلّ الحيوان، وإنّما شُرِّفت تلك بأنّها من مادّة صافية ثابتة لا يُفنيها إلاّ الذي اخترعها، والحيوان من مادّة متأثّرة منفعلة يؤثّر فيها الأضداد المتعاقبة عليها من حَرّ وبرد وغير ذلك ويفنيه الزمان، لولا الحكمة التي تلطّفت له بالذكورة والأنوثة حتّى يبقى النوع مع تلاف الأشخاص، وذلك بإدارة الفلك والشروق والغروب كما نبَّهَ هذا الكتاب عليه. وقال إنَّ لا فرق بين خلقة الأنثى والذكر إلاّ ما بين ظهور أعضائهما واختفائها. وقد بُيّن ذلك في التشريح أنَّ أعضاء الأنثى هي أعضاء الذكر إلاّ أنّها منكوسة معكوسة إلى الباطن.كما قال "ذَكَرٌ بـ [أ] [م] [ش] وأنثى بـ [أ] [ش] [م]"، "دارَ الفَلَكُ إلى الأمام والخلف، ليس في الخير أعلى من التلذّذ وليس في الشَّر أدنى من الأذى"، يعني أنَّ حروف [أ] [م] [ش] وَ [أ] [ش] [م] وَ [ع] [ن] [غ] ["تلذّذ"] وَ [ن] [غ] [ع] ["أذى"] واحدة، وليس بينها إلاّ التقدّم والتأخّر، كما أنَّ الشروق والغروب للفَلَك واحد في حقّه، وفي حقّنا نحن إقبال وإدبار.ثمّ لَغَزَ في الأعضاء التي دون الحجاب معادن الطبائع الأربع، بقوله: "اثنان طائشان واثنان ركينان مستوطنان واثنان مشيران واثنان سارّان فيها أضداد وبعضها يقوّم بعضًا، هذه مقابل تلك، وهذه ضدّ تلك، من دون هذه لا وجود لتلك، ووثاق يربط بعضهما البعض". والإشارة مفهومة

جُملة، وإنْ عسرَ تفصيلها، من حاجة الحيوان إلى الأضداد، وكيف تنتج سلامته من هذا الحرب، ولولا هذا الحرب ما كانت سلامته هذه. هذا بعد ترتيبه المخلوقات وتقديمه الأشرف، وهي "روح إلوهيم حيّ"، قال: "واحد روح إلوهيم الحيّ، اثنان روح من روح، ثلاثة ماء من روح، أربعة نار من ماء". ولم يذكر الأرض لأنّها الجسد والمادّة للمتكوّنات، لأنَّ جميعها أرض، لكن يقال هذا جسد ناريّ وهذا جسد هوائيّ وهذا جسد مائيّ. ولذلك قدّم "ثلاث أمّهات نار وماء وروح". فقدّم "روح إلوهيم"، وهي "روح القُدُس"، منها تتخلق الملائكة الروحانيّون، وبها تتّصل الأنفس الروحانية، وبعدها الهواء المُدرَك، وبعده الماء الذي فوق "الجَلَدِ" لم يدركه قياس الفلاسفة فلم يُقروّا به. ولعلّ مخرّجًا يخرّجه إلى أنّه كُرة الزَّمْهَرير، وحيث تنتهي السحاب، وبعده الأثير مكان النار الطبيعية، كما قال: "نار من ماء". كما يخرَّج: "وروح إلوهيم يَرِفُّ على وجه المياه" أنّه أراد بهذا "الماء"، المادّة الأولى غير مكيَّفة بل "تهو وبهو" [خلاء وخربة!] حتّى تكيَّفت بإرادة الله المحيطة بها وكُنّى عنها بـ"روح إلوهيم".وتشبيه المادّة الطبيعية بالماء أحقّ تشبيه، لأنَّ ما كان أرقّ من الماء لا يأتي منه جسد طبيعيّ متماسك، وما كان أغلظ من الماء لا تستوي أفعال الطبيعة في جميع أجزائه، إذ هي متماسكة، وإنّما يصلح الجسد الأرضيّ لصناعة، فإنَّ الصناعات إنّما تحيط بسطوح المادّة لا بجميع أجزائها. والطبيعة إنّما تحتوي على جميع أجزاء الشيء، فما من مكوَّن إلاّ وقد كان في قوام الماء مائعًا سائلًا، وإلاّ لم يتسمَّ كونًا طبيعيًّا بل صناعيًّا أو متركّبًا اتّفاقيًّا. وإنّما تفعل فيه الطبيعة مهما كان مائيًّا تشكّله كيف شاءتْ، ثمّ تترك عمّا احتاجت أن يَصْلُب فيَصْلُب.وقال عن مثل ذلك: "خَلَقَ مِنْ الخلاء [تهو] كينونةً، وجعلَ مِن العدم واقعًا، ونَحَتَ أعمدة عظيمة من هواء لا يُضبط". وقال أيضًا: "أحدثَ الماءَ من الهواء، وجعلَ تهو وبهو وحَمأة وطينة ونَحَتَها، كالمسكبة أقامها وكالسور وضعها، وكالسقف أنشئها، وصبَّ الماء عليها، فيبست وصارت ترابًا". وقال أيضًا: "تهو - هذا خيط أخضر محيط بالأرض جميعها، وبهو - الحجارة المفلعة القائمة في الهاوية من بينها تخرج مياه".ولوّح بشيء من سرّ الاسم

المعظَّم ياء هاء واو هاء المطابقة للذات الإلهية المتواحدة التي ليست لها ماهية، لأنَّ ماهية الشيء غير وجود الشيء، والله تعالى وجوده ماهيّته، لأنَّ ماهية الشيء حدّه، والحدّ مؤلَّف من جنسه وفصله، ولا جنس ولا فصل للعلّة الأولى، فوجب أن يكون هو هو.وكما وصف أنَّ سبب تكثّر الأشياء هو دوران الفلك، بقول: "يتقدّم البرج ويتراجع"، وشبّه ذلك بامتزاج الحروف المفردة "[أ] مع الكلّ، والكلّ مع [أ]، و[ب] مع الكلّ، والكلّ مع [ب]، وهكذا دواليك، وُجد "كلّ الكلام في واحد وثلاثين ومائتي باب"، وبعد ذلك كيف تكثّرت بتثليث الحروف وتربيعها: "ثلاثة أحجار [حروف] ستّة بيوت [كلمات]، ومن الأربعة أربع وعشرون بيتًا [كلمة]، وبعد ذلك يمكن أن تحسب إلى أن تبلغ إلى ما لا يطيق الفم أن يقوله ولا الأذن أن تسمع".كذلك يحتاج إلى أن يبحث من أين تكثّرت الأشياء قبل دوران الفلك والخالق واحد هو هو، وللفلك مثلًا ستّ جهات، ففرض في النطق العقليّ اسمًا للخالق، واختار له في النطق الجسميّ الحروف الألطف التي هي كالأرواح لسائر الحروف وهي [هـ] [و] [ي]. وقال إنَّ الإرادة، إذا نفذت بهذا الاسم المعظَّم، كان ما أراد تعالى. ولا محالة أنّه والملائكة ناطقون النطق العقليّ وعالمون بما يكون في العالم الجسميّ قبل خلق العالم، وكيف يفيض النطق والتمييز منه على الناطقين الذين سيُخلَقون في العالم.فوجب أن يكون العالم الجسمانيّ يُخلق كما يشاكل الجسمانية بالاسم المعظَّم العقليّ المشاكل للاسم الجسمانيّ [يهو، يوه، هوي، هيو، ويه، وهي]. وجب من كلّ واحد جهة من جهات العالم وقام الفلك. وهذا ممّا لا يُقنع، إمّا لأنَّ المطلوب أغمض من أن يُدرَك، وإمّا لأنَّ أذهاننا تُقصِّر، أو للأمريْن جميعًا.وعن مثل هذا بحث الفلاسفة فأدّاهم إلى أنَّ الواحد لا يصدر عنه إلاّ واحد، ففرضوا ملَكًا مقرَّبًا فاض عن الأوّل. ثمّ قالوا إنَّ هذا المَلَك له صفتان، إحداهما علمه بوجوده بذاته، والأخرى علمه أنَّ له سببًا، فوجب عنه شيئان مَلَك وفَلَك الكواكب الثابتة. وهذا أيضًا بما عقل من الأوّل وجب عنه مَلَك ثانٍ، وبما عقل من ذاته وجب عنه فلك زُحَل، وهكذا إلى القمر، ثمّ إلى العقل الفعّال. وقد قَبِلَ الناسُ هذا وانخدعوا له، حتّى قالوا إنّه برهان لمّا نُسِب إلى فلاسفة يونان.وهذا دعوى محضة، لا

إقناع فيها، ويُعترض بِكَم وجوه، أحدها لِمَ وقف هذا الفيض؟ أَلِتَقصيرٍ من الأوّل؟ ثمّ يقال لِمَ لَمْ يجب عن عقل زُحَل لما فوقه شيء ما، وعن عقله للمَلَك الأوّل شيء آخر، فتصير فيوض زحل أربعة. ومِن أين لنا أنَّ مَنْ عقلَ ذاته يجب عنه فَلَك، ومَنْ عقلَ الأوّل يجب عنه مَلَك؟ فمتى ادّعى أرسطوطاليس أنّه يعقل ذاته ينبغي أنْ يُطالَب بأنْ يفيض عنه فَلَك. وإنْ ادّعى أنّه يعقل الأوّل أنْ يفيض عنه مَلَك.إنّما ذكرتُ لك هذه المبادئ لئلاّ تهول عندك الفلسفة فتظنّ أنّك لو اتّبعتها لأرحْتَ نفسك بالبرهان الشافي، بل مبادئهم كلّها ما لا يحمله عقل ولا يضبطه قياس. ثمّ لا اتّفاق بين اثنين منهم إلاّ المقلّدون الذين يقلّدون أستاذًا واحدًا، إمّا أبودقليس أو فيتايغورس أو أرسطوطاليس أو أفلاطون وغيرهم كثير لا يتّفق واحد منهم مع صاحبه.

الأصول الثلاثة أ م ش

في العالمأوير[هواء] ميم[ماء] إش[نار]

في النفس جثّة بطن رأس

في السنة ريَّانَة [رطوبة] برد حرّ

سبعة مضاعفة ب ج د ك ف ر ت

في العالم زُحَل المشتري المِرّيخ الشَّمس الزُّهرة عُطارِد القمر

في النفس حكمة ثراء سُلطان حياة لطف نسل/زرع سلامة

في السنة السبت الخميس الثلاثاء الأحد الجمعة الأربعاء الاثنين

الأحرف الاثنا عشر البسيطة هـ و ز ح ط ي

في العالم الحَمَل الثور الجوزاء السرطان الأسد السنبلة [العذراء]

في النفس عضو للرّؤية عضو للسّمع عضو للشمّ عضو للتكلّم عضو للتذوّق عضو للتحسّس

في السنة نيسان أيار سيوان تموز آب ألول

"واحد فوق الثلاثة، والثلاثة فوق السبعة، والسبعة فوق الاثنا عشر".وفي هذه الأعضاء موضع تشكّك، مثل "كُلَى مشيرة" و"طحال ضاحك" و"كبد غاضب" و"معدة نائمة". ولا يُنكَر أن يكون للكُلَى قوّة في جودة الرأي، إذ نرى مثل ذلك للأنثيين، لأنّا نرى الخصيان أضعف عقولًا من النساء، ولمّا عدموا الأنثيين عدموا اللحية وجودة الرأي. وأمّا "الطحال الضاحك" فلأن بقوّته الطبيعية ينقّي الدم والرئة من العَكَر والكدر،

وبنقائهما يكون الطرب والضحك. وأمّا "الكبد الغاضب" فللمَرار المتولّد فيه. وأمّا "المعدة" فكناية عن آلات الغذاء. ولم يذكر القلب لأنّه رئيس، ولا الحجاب والرئة، لأنّهما خادمان له خاصّةً وليسا خادمَيْن لجميع البدن إلاّ بطريق العَرَض لا بقصد أوّليّ. والدماغ داخل في تفصيل الحواسّ الناشئة منه، وكيف وإنَّ للأعضاء التي دون الحجاب الفاصل سرًّا لأنّها هي الطبيعة الأولى، والحجاب فاصل بين عالم الطبيعة وعالم الحيوان. كما أنَّ العنق حاجز بين عالم الحيوان وعالم النطق كما ذكر أفلاطون في طيماوس.فالمعادن الأولى إنّما هي من عالم الطبيعة، وهناك أصل الكون، فإنَّ من هناك ينبعث "المنى" وهناك يتخلّق الجنين فيما بين أربع طبائع. ومن هناك اختار تعالى الأعضاء المقرّبة "الحليب والدم وغشاء زائدة الكبد والكليتين" ولم يختر قلبًا ولا دماغًا ولا رئة ولا حجابًا. والسرّ أغمض والشرح محظور. وقد قيل "لا يُطلب التفسير في كتاب المبادئ" إلاّ بشروط قليلًا ما تتّفق.ثمّ قال: "والسبع المضاعفة ستّ جهات لستّ جهات في وسطها القُدُس، فبذلك نقول إنَّ الخالق متوسّط عالمه وهو الحامل له والقائم به، وليس عالمه حاملًا له ولا قائمًا به"، إشارة إلى الأمر الإلهيّ المؤلّف بين المتضادّات وشبّهه بالنقطة والمركز من الجسم ذي الستِّ جهات والثلاثة امتدادات، ومهما لم تفرض الوسط لم تنفرض الأطراف، فنبّه على المناسبة التي بين هذه وبين القوّة الحاملة للكلّ، وبها تأتلف المتضادّات بالمناسبة المفروضة في "عالم ونفس وسنة"، فإنّه جعل لكلّ واحد منها شيئًا ضابطًا لأجزائه ناظمًا لها، فقال: "تِنّينٌ في العالَم كالمَلِك على عرشه، فَلَكٌ في السنة كالمَلِك في المدينة، قَلْبٌ في النفس كالمَلِك في الحرب". "تِنّين" اسم الجَوْزَهْر، أشار به إلى عالم العقل، لأنَّ الجوزهر به يكنَّى عن الأشياء الخفية التي لا تُدرَك بالحسّ. وأراد بالـ"فَلَك"، فَلَك الشمس المائل، لأنَّ به تنتظم أجزاء السنة. و"قَلْب" ناظم الحيوان ومَلِك أجزائه. وأراد أنَّ الحكمة في الثلاثة واحدة، والأمر الإلهيّ واحد، والخلاف بينها إنّما هو باختلاف هيولاها، فشبّه الأمر إذا دبّر الروحانيّين "مَلِك على عرشه" الذي تنقضي أوامره بأيسر إشارة عند خاصّته وخدمه العارفين به من غير حركة منه ولا منهم. وشبّهه إذا دبّر

الأفلاك "كمَلِك في المدينة"، لأنّه يحتاج إلى أن يظهر في أقطار المدينة ليُظهِر على كلّ جُزء منها سلطانه وهيبته ومنافعه. وشبّهَهُ إذا دبّر الحيوان "كمَلِك في الحرب"، لأنّه بين الأضداد يروم تغليب مؤالفيه وقمع مخالفيه. والحكمة واحدة، فليست الحكمة في الأفلاك بأعظم من الحكمة في أقلّ الحيوان، وإنّما شُرِّفت تلك بأنّها من مادّة صافية ثابتة لا يُفنيها إلاّ الذي اخترعها، والحيوان من مادّة متأثّرة منفعلة يؤثّر فيها الأضداد المتعاقبة عليها من حَرّ وبرد وغير ذلك ويفنيه الزمان، لولا الحكمة التي تلطّفت له بالذكورة والأنوثة حتّى يبقى النوع مع تلاف الأشخاص، وذلك بإدارة الفلك والشروق والغروب كما نبَّهَ هذا الكتاب عليه. وقال إنَّ لا فرق بين خلقة الأنثى والذكر إلاّ ما بين ظهور أعضائهما واختفائها. وقد بُيِّن ذلك في التشريح أنَّ أعضاء الأنثى هي أعضاء الذكر إلاّ أنّها منكوسة معكوسة إلى الباطن.كما قال "ذَكَرٌ بـ [أ] [م] [ش] وأنثى بـ [أ] [ش] [م]"، "دارَ الفَلَكُ إلى الأمام والخلف، ليس في الخير أعلى من التلذّذ وليس في الشَّر أدنى من الأذى"، يعني أنَّ حروف [أ] [م] [ش] وَ [أ] [ش] [م] وَ [ع] [ن] [غ] ["تلذّذ"] وَ [ن] [غ] [ع] ["أذى"] واحدة، وليس بينها إلاّ التقدّم والتأخّر، كما أنَّ الشروق والغروب للفَلَك واحد في حقّه، وفي حقّنا نحن إقبال وإدبار.ثمّ لَغَزَ في الأعضاء التي دون الحجاب معادن الطبائع الأربع، بقوله: "اثنان طائشان واثنان ركينان مستوطنان واثنان مشيران واثنان سارّان فيها أضداد وبعضها يقوّم بعضًا، هذه مقابل تلك، وهذه ضدّ تلك، من دون هذه لا وجود لتلك، ووثاق يربط بعضهما البعض". والإشارة مفهومة جُملة، وإنْ عسرَ تفصيلها، من حاجة الحيوان إلى الأضداد، وكيف تنتج سلامته من هذا الحرب، ولولا هذا الحرب ما كانت سلامته هذه. هذا بعد ترتيبه المخلوقات وتقديمه الأشرف، وهي "روح إلوهيم حيّ"، قال: "واحد روح إلوهيم الحيّ، اثنان روح من روح، ثلاثة ماء من روح، أربعة نار من ماء". ولم يذكر الأرض لأنّها الجسد والمادّة للمتكوّنات، لأنَّ جميعها أرض، لكن يقال هذا جسد ناريّ وهذا جسد هوائيّ وهذا جسد مائيّ. ولذلك قدّم "ثلاث أمّهات نار وماء وروح". فقدّم "روح إلوهيم"، وهي "روح القُدُس"، منها تنخلق الملائكة

الروحانيّون، وبها تتّصل الأنفس الروحانية، وبعدها الهواء المُدرَك، وبعده الماء الذي فوق "الجَلَدِ" لم يدركه قياس الفلاسفة فلم يُقروّا به. ولعلّ مخرّجًا يخرّجه إلى أنّه كُرة الزَّمْهَرير، وحيث تنتهي السحاب، وبعده الأثير مكان النار الطبيعية، كما قال: "نار من ماء". كما يخرَّج: "وروح إلوهيم يَرِفُّ على وجه المياه" أنّه أراد بهذا "الماء"، المادّة الأولى غير مكيَّفة بل "تهو وبهو" [خلاء وخربة!] حتّى تكيَّفت بإرادة الله المحيطة بها وكُنّى عنها بـ"روح إلوهيم".وتشبيه المادّة الطبيعية بالماء أحقّ تشبيه، لأنَّ ما كان أرقّ من الماء لا يأتي منه جسد طبيعيّ متماسك، وما كان أغلظ من الماء لا تستوي أفعال الطبيعة في جميع أجزائه، إذ هي متماسكة، وإنّما يصلح الجسد الأرضيّ لصناعة، فإنَّ الصناعات إنّما تحيط بسطوح المادّة لا بجميع أجزائها. والطبيعة إنّما تحتوي على جميع أجزاء الشيء، فما من مكوَّن إلاّ وقد كان في قوام الماء مائعًا سائلًا، وإلاّ لم يتسمَّ كونًا طبيعيًّا بل صناعيًّا أو متركّبًا اتّفاقيًّا. وإنّما تفعل فيه الطبيعة مهما كان مائيًّا تشكّله كيف شاءتْ، ثمّ تترك عمّا احتاجت أن يَصْلُب فيَصْلُب.وقال عن مثل ذلك: "خَلَقَ مِنْ الخلاء [تهو] كينونةً، وجعلَ مِن العدم واقعًا، ونَحَتَ أعمدة عظيمة من هواء لا يُضبط". وقال أيضًا: "أحدثَ الماءَ من الهواء، وجعلَ تهو وبهو وحَمأة وطينة ونَحَتَها، كالمسكبة أقامها وكالسور وضعها، وكالسقف أنشئها، وصبَّ الماء عليها، فيبست وصارت ترابًا". وقال أيضًا: "تهو - هذا خيط أخضر محيط بالأرض جميعها، وبهو - الحجارة المفلعة القائمة في الهاوية من بينها تخرج مياه".ولوّح بشيء من سرّ الاسم المعظَّم ياء هاء واو هاء المطابقة للذات الإلهية المتواحدة التي ليست لها ماهية، لأنَّ ماهية الشيء غير وجود الشيء، والله تعالى وجوده ماهيّته، لأنَّ ماهية الشيء حدّه، والحدّ مؤلَّف من جنسه وفصله، ولا جنس ولا فصل للعلّة الأولى، فوجب أن يكون هو هو.وكما وصف أنَّ سبب تكثّر الأشياء هو دوران الفلك، بقول: "يتقدّم البرج ويتراجع"، وشبّه ذلك بامتزاج الحروف المفردة "[أ] مع الكلّ، والكلّ مع [أ]، و[ب] مع الكلّ، والكلّ مع [ب]، وهكذا دواليك، وُجد "كلّ الكلام في واحد وثلاثين ومائتي باب"، وبعد ذلك كيف تكثّرت بتثليث الحروف

وتربيعها: "ثلاثة أحجار [حروف] ستِّة بيوت [كلمات]، ومن الأربعة أربع وعشرون بيتًا [كلمة]، وبعد ذلك يمكن أن تحسب إلى أن تبلغ إلى ما لا يطيق الفم أن يقوله ولا الأذن أن تسمع".كذلك يحتاج إلى أن يبحث من أين تكثّرت الأشياء قبل دوران الفلك والخالق واحد هو هو، وللفلك مثلًا ستّ جهات، ففرض في النطق العقليّ اسمًا للخالق، واختار له في النطق الجسميّ الحروف الألطف التي هي كالأرواح لسائر الحروف وهي [هـ] [و] [ي]. وقال إنَّ الإرادة، إذا نفذت بهذا الاسم المعظَّم، كان ما أراد تعالى. ولا محالة أنّه والملائكة ناطقون النطق العقليّ وعالمون بما يكون في العالم الجسميّ قبل خلق العالم، وكيف يفيض النطق والتمييز منه على الناطقين الذين سيُخلَقون في العالم.فوجب أن يكون العالم الجسمانيّ يُخلق كما يشاكل الجسمانية بالاسم المعظَّم العقليّ المشاكل للاسم الجسمانيّ [يهو، يوه، هوي، هيو، ويه، وهي]. وجب من كلّ واحد جهة من جهات العالم وقام الفلك. وهذا ممّا لا يُقنِع، إمّا لأنَّ المطلوب أغمض من أن يُدرَك، وإمّا لأنَّ أذهاننا تُقصِّر، أو للأمريْن جميعًا.وعن مثل هذا بحث الفلاسفة فأدّاهم إلى أنَّ الواحد لا يصدر عنه إلاّ واحد، ففرضوا ملَكًا مقرَّبًا فاض عن الأوّل. ثمّ قالوا إنَّ هذا المَلَك له صفتان، إحداهما علمه بوجوده بذاته، والأخرى علمه أنَّ له سببًا، فوجب عنه شيئان مَلَك وفَلَك الكواكب الثابتة. وهذا أيضًا بما عقل من الأوّل وجب عنه مَلَك ثانٍ، وبما عقل من ذاته وجب عنه فلك زُحَل، وهكذا إلى القمر، ثمّ إلى العقل الفعّال. وقد قَبِلَ الناسُ هذا وانخدعوا له، حتّى قالوا إنّه برهان لمّا نُسِب إلى فلاسفة يونان.وهذا دعوى محضة، لا إقناع فيها، ويُعترض بِكَم وجوه، أحدها لِمَ وقف هذا الفيض؟ أَلِتَقصيرٍ من الأوّل؟ ثمّ يقال لِمَ لَمْ يجب عن عقل زُحَل لما فوقه شيء ما، وعن عقله للمَلَك الأوّل شيء آخر، فتصير فيوض زحل أربعة. ومِن أين لنا أنَّ مَنْ عقلَ ذاته يجب عنه فَلَك، ومَنْ عقلَ الأوّل يجب عنه مَلَك؟ فمتى ادّعى أرسطوطاليس أنّه يعقل ذاته ينبغي أنْ يُطالَب بأنْ يفيض عنه فَلَك. وإنْ ادّعى أنّه يعقل الأوّل أنْ يفيض عنه مَلَك.إنّما ذكرتُ لك هذه المبادئ لئلاّ تهول عندك الفلسفة فتظنّ أنّك لو اتّبعتها لأرحْتَ نفسك بالبرهان الشافي، بل مبادئهم كلّها ما لا يحمله عقل ولا يضبطه قياس.

ثمّ لا اتّفاق بين اثنين منهم إلاّ المقلّدون الذين يقلّدون أستاذًا واحدًا، إمّا أبودقليس أو فيتايغورس أو أرسطوطاليس أو أفلاطون وغيرهم كثير لا يتّفق واحد منهم مع صاحبه.

26. قالَ الخَزَرِيُّ: وما الحاجة إلى حروف [هـ] [و] [ي]؟ أو إلى مَلَك وفلك وغير ذلك مع الإقرار بالإرادة والحدث؟ وأنّ الله خلقَ الأشياء الكثيرة العدد دفعة على أجناسها، كما رُسم في "نظام التكوين"، ثمّ وَضعَ فيها قوّة البقاء والإنتاج ويَمدُّها مع اللحظات بالقوّة الإلهية، كما نقول: "ومُجدّد جودَهُ في كلِّ يوم دومًا حدث التكوين"؟

27. قالَ الحَبْرُ: أحسنتَ يا ملك الخزر ولله أنت. هذا هو الحقّ والإيمان بالحقّ وترك الفضول. لكن ربّما كان هذا النظر لأبينا إبراهيم إذ تحقّق الربوبية والوحدانية قبل أن يوحى إليه. وإذ أُوحي إليه تركَ جميع قياساته ورجع يطلب رضا الله من عنده، بعد أن أعلمه كيف الرضا، بأيّ شيء يُدرَك وفي أيّ مكان. وقد "فسّر الفقهاء ذلك" في قوله: "ويأتي به خارجًا، وقال له: أخرج من تنجيمكَ"، يعني أخرج عن علم النجوم وعن كلّ علم طبيعيّ مشكوك. وقد قال أفلاطون عن النبيّ الذي كان زمان مارينوس الملك إنّه قال للفيلسوف المغترّ بالفلسفة بوَحْي عن الله: إنّك لا تصل إليّ بهذه الطريق لكن مَن جعلتُه واسطة بيني وبين خلقي، يعني الأنبياء والناموس الحقّ.واندرج في هذا الكتاب في سرّ العشرة الآحاد التي هي متّفقة في المشارق والمغارب من غير أن يبعث عليها طبع ولا يرجّحها عقل، بل لسرّ إلهيّ. قوله: "عشرة أعداد محظورة، احظر على فيك من أن تتكلّم [بزيادة عليها]، [واحظر على] قلبك من أن تتفكّر [في ذلك]، وإنْ عدا قلبك فعُدّ إلى موضعك، كما قيل: ركوضًا ورجوعًا. وبشأن هذا أُبرم عهد، وبإزائها عشرة لا نهاية لها، [لأنَّ] آخرها مغروز في أولها وأولها مغروز في أخرها كلهيب معقود في الفحمة. [ومن هاهنا ينبغي أن] تعلم وتميّز وتعتقد أنَّ الخالق واحد لا سواه، إذ قبل الواحد لا يمكنك أن تعدّ شيئًا". وخاتمة الكتاب: "وحين فهمَ أبونا إبراهيم وصوّرَ ونَحَتَ وجمعَ وأنتجَ وبحثَ وتفكّرَ ونجحَ تجلّى له سيّد الجميع وأطلقَ عليه

اسم حبيبي، وقَطَعَ له عهدًا بين أصابع يديه العشرة وهو عهد لسان وبين أصابع كفيّ رجليه العشرة هو عهد الختان، وقال عنه: قبلما صوَّرتكَ في البطنِ عرفتُكَ".

28. قالَ الخَزَرِيُّ: أريد أن تعرض عليَّ ذوقًا من علوم "الفقهاء" المطابقة للطبيعة.

29. قالَ الحَبْرُ: قد نَبَّهتُ على علمهم بالأرصاد الصحيحة بدليل علمهم بـ "دورة القمر" التي هي 29 [يومًا] و 12 [ساعة] و 793 [جزء] منقولة عن "بيت داود"، ولم يختلّ إلى هذه الغاية. و"دورة الشمس" المحقّقة التي بها كانوا يراعون ألاّ يقع "الفصح" إلاّ بعد "دورة نيسان"، وكقول بعضهم: "عندما ترصد وترى أنَّ اعتدال نيسان سيقع في 16 نيسان اعتبر السنة سنة كبيسة" كي لا يقع "الفصح" في فصل الشتاء والله قد أمر ووكّد بقوله: "احفظ شهر الربيع واعمل فصحًا ليهوه إلهك". و"الدورة" المشهورة عند الجمهور ليست هي المحقّقة لكنّها تقريب بقسمة السنة لأربعة أرباع كلّ ربع 91 يومًا وسبع ساعات ونصف. وقد يقع "الفصح" بحسابها في فصل الشتاء، وقد طالبت النصارى اليهودَ وزعمت أنَّ أصل دينهم قد ذهب وليس هم على أصل، إذ يقع لهم "الفصح" قبل حلول فصل الربيع بحسب حسابهم بالـ"دورة" المشهورة التي "بين الجمهور"، ولم يأبهوا إلى "دورة الشمس" المُصَحَّحة المُحقَّقة التي هي "مكتومة" غير مشهورة، وأنَّ بحسب حسابها لا يقع "الفصح" بوجه من الوجوه إلاّ وقد حلّت الشمس رأس الحَمَل ولو يومًا واحدًا. ولم يختلّ هذا منذ آلاف أعوام وهو حساب مطابق لرصد البتّانيّ، وهو أحقّ التعاديل وأصحّها. وهل يصحّ "دورة الشمس ودورة القمر" محرَّرة إلاَّ عن علم الهيئة بأصحّ ما يكون. وما قدّمنا من سرّ "وُلِدَ [القمر] قبيل المنتصف" وغير ذلك.وقد بقي من العلم الخاصّ بذلك كتاب يسمّى "فصول الحبر إليعيزر"، فيه مساحة الأرض وكلّ واحد من الأفلاك وطبائع الكواكب والبروج والصور وبيوتها وحظوظها وسعودها ونحوسها وصعودها وهبوطها وشرفها ووبالها ومُدَد حركاتها، وهو من "فقهاء" المشناه المشهورين. وشموئيل من

"فقهاء" التلمود لقائل: "سُبُلُ السماء معلومة لي كسُبُلِ نهردعا". ولم يشتغلوا به إلاَّ لمعنى الشريعة، إذ لم يتمّ تحقيق مسير القمر واختلافات مسيره لتحقيق وقت اجتماعه بالشمس، وهو "المولد"، ومدّة محاقه قبل "المولد" وبعده، إلاّ بأكثر علم الهيئة.وكذلك علم التحاويل، أعني "الدورات" الأربع على التحقيق، لا يتمّ إلاّ بعلم الحضيض والأوج والمَطالِع على اختلافاتها. ومن تَكلَّفَ هذا فلا بدّ أن ينجرّ معه سائر علم الفلك.وأمّا ما يوجد لهم من العلم الطبيعيّ، ممّا انجرَّ في أثناء كلامهم بالاتّفاق لا بقصد لتعليم هذا العلم، لغرائب وعجائب، فما ظنّكَ بالكتب التي كانت لعلمائهم موضوعة في نفس العلم.

30. قالَ الخَزَرِيُّ: ما الذي أتلف تلك المقصودة وأبقى هذه الاتّفاقية؟

31. قالَ الحَبْرُ: لأنَّ تلك كان يحملها خواصّ من الناس يَتَسمّى هذا منجّم وهذا طبيب وهذا مُشرِّح مثلًا. وأوّل ما يَتلفُ من الأمّة المنتحسة الأخصّ فيهم، ثمّ ما هو أعمّ منه، فتَلِفَ الخواصّ وتَلِفت علومهم، ولم يبقَ إلاَّ الكتب الشرعية التي تحتاج إليها العامّة وتحملها كثرة ويكثر انتساخها والعناية بها. فما اندرج في كُتب الفقه من تلك العلوم احتمى وبقى بكثرة حامليها وعنايتهم بها.من ذلك كلّ ما ذُكِر في "شرائع الذبح" و"شرائع الفريسة"، ففيها من العلوم ما غاب أكثره عن جالينوس، وإلاّ فلِمَ لَمْ يذكُر في العلل ما نراه عيانًا ممّا نَبَّهت الشريعة عليه من علل الرّئة والقلب مثل "لصوقات على القلب وعلى سطوحه"؛ واتّصال "الفُصوص الرّئَوية" ونقصانها وزيادتها ويبس الرّئة وذوبانها.فمن علمهم بتناسب الأعضاء النفسانية مع الطبيعية قولهم: "غشاءان في الدماغ ويقابلهما غشاءان في المثانتين"، وقولهم: "كمثل حبتين من الفول تنبتان في الطرف السفلي لجمجمة الرأس، داخلهما الدماغ، ويخرج من هناك العمود الفقري". وقولهم: "ثلاثة شرايين، واحد يصل إلى القلب، وواحد يصل إلى الرئة، وواحد يصل إلى الكبد".ومن علمهم بالعلل القاتلة، والعلل السالمة، قولهم: "مَنْ سَلِم جلد [عموده الفقري] سَلِم، لأنَّ المخ لا يضرّ ولا ينفع،

وإنْ أصبح المخ رخوًا فلن يَلِد". وقولهم: "ظهر طَفحٌ جلدي بسبب ضربة في الرئة فهو ليس بطفحٍ جلدي [حقيقة] ". وقولهم: "عرق النسا لا يجري في الطير لأن لا كفَّ له".ومن غريب فقههم: "محرّم أكل معدة الحلال من الحيوان الذي رضع من الحيوان المحرّم. ومحرّم أكل معدة الحرام من الحيوان الذي رضع من الحلال من الحيوان لأنَّ الحليب يكتنز في الأمعاء". وممّا حرّموا عن علم صحيح وقياسنا ينبو عنه: "خمسة أغشية محرّمة: غشاء المخ، وغشاء البيضة [المثانة]، وغشاء الطحال، وغشاء الكليتين، وغشاء أسفل العمود الفقري، جميعها حُرّمَ أكلها".ومن بديع فقههم في "الحرام من الحيوان" أنهم حدّدوا الارتفاع الذي إن دُفعت البهيمة منه إلى أسفل حُرّمت "بسبب تهشّم الأعضاء"، يعني تتهتّك الأعضاء التهتّك الذي يؤدي إلى الموت. ثمّ قالوا: "تركَ بهيمة واقفة وعاد فوجدها واقعة لا خوف من تهشُّم أعضائها لأنّها [إنْ لم تتهشّم أعضائها] تقوم بنفسها"، يعني أنَّ البهيمة تقدّر لنفسها وتتأهّب للوثبة فلا يضرّها كما يضرّ إذا دُفِعت، لأنَّ الطبيعة في الوثوب حاضرة، وفي الوقوع هاربة فارّة. ومن غريب قولهم أيضًا وتجربتهم: "مَنْ أسودت [رئتها] بفعل مشيئة السماء حلال، ومَنْ أسودت على يد إنسان حرام، بسبب انقباض الرئة، وفحصها من خلال وضعها في ماء فاترة لمدة يوم كامل، فإن عادت إلى حيويتها فهي حلال وأن لا فهي حرام". وقولهم: "لون الرئة كلون الكحل فهي حلال ولون الرئة كلون الحِبْر فهي حرام، ولهذا فإنَّ الأسود هو الأحمر الفاسد، الرئة ذات اللون الأخضر حلال". وقولهم: "رئة احمرت قليلًا حلال، احمرت كثيرًا حرام، ورابي نتان البابلي الذي احضروا إليه مولودًا لونه أخضر، قال لهم: انتظروا حتّى يتحرّك دمه". يعني ألاّ يُختَن حتّى ينتشر دمه في لحمه، ففعلوا ذلك وعاش الطفل بعد أطفال كثيرة كانوا يموتون لتلك الامرأة أثر الختانة، "وأتوا إليه بمولود لونه أحمر قال انتظروا حتّى يتمّ ابتلاع دمه فيه"، فامتُثِل ذلك وعاش وسُمّي نتان البابلي على اسمه. وقولهم: "دُهْنٌ طاهرٌ يشفي الجراح، وغير الطاهر لا يشفيها".ومن دقيق فتواهم: "إبرة وقليل من الدمّ المُختّر وُجدا على الغشاء الرفيع للمعدة، ومعلوم يقينًا أنَّ المعدة قبل الذبح تخلو من الدم

المُختَّر، فعُلمَ يقينًا أنَّ [الإبرة دخلت إلى المعدة] بعد الذبح. ما وجه الخلاف في البيع والشراء"، لأنّه لا يمكن أن يصير على الإبرة "دمّ مُختّر بعد الذبح"، إذ لا يجري الدم في الميّت، فليس له أن يرجع على الذي اشترى منه البهيمة. وإنْ وجد "دمّ مُختّر" فله أن يرجع عليه ويقول إنّك بعت منّي مَيْتة. ومثل ذلك: "إنَّ ظهور نتوء لحميّ على الجرح قبل ذبح البهيمة يدل على أنَّ عمر الجرح ثلاثة أيام، وإن لم يظهر نتوء لحميٌّ كهذا وجب على المشتري إحضار دليل آخر".ومن العلامات في "الطير الطاهر: وُضعَ على خيط مشدود وانقسمت مخالبه إلى اثنين من هنا واثنين من هناك علمتَ أنَّ الطير ليس بطاهر، وإذا انقسمت إلى ثلاثة وواحد علمت أنَّ الطير طاهر". وقولهم: "إن الطير الذي يصطاد وهو مُحلِّق ويأكل فهو ليس بطاهر، وما أقام مع غير الطاهر ويبدو أنه طاهر فهو ليس بطاهر، كالزرزور مع الغراب".وقولهم: "علامة الوليد في البهيمة الدقيقة طفح من الدم، وفي الماشية مشيمة وفي النساء سِقْي ومشيمة".ومن غريب قولهم [ولطفهم] في سموم بعض ذوات المخالب قولهم: "نهش قطّ وصقر ونِمْس لجِداء ولحُملان ونهش جرذ للطير". وقولهم: "لا نهش لثعلب ولا نهش لكلب ولا نهش إلاّ في المخالب لا بالسن، ولا نهش إلاّ باليد لا بالقدم، ولا نهش إلاّ عمدًا، لا نهش إلاّ في الحياة"، يعني أنَّ الخالب لا يسمّ الحيوان إلاّ بمخالب اليديْن وعن قصد من الحيوان، لا باتّفاق، ومِن تنشُّب مخالبه في لحم البهيمة دون قصد افتراس. وأغرب من هذا قولهم: "في الحيوان"، يعني أنّه لو اتّفق أن تُقطَع يد المفترس ومخالبه مغروزة في لحم البهيمة لم يكن منه "نهش"، وذلك أنّه لم يُلقِ سمّه إلاّ عند الانفصال عنه وإخراج مخالبه من لحم البهيمة، ولذلك قال "في الحيوان" بعد قولهم "عمدًا". وقولهم: "إذا نقصت الكبد وبقيت كحبة زيتون بجانب كيس المرارة وفي مكانها فهي بهيمة حلال". وقولهم: "قيح في الرئة حلال ومُحرَّم في الكلية، ماء ناصعة وثقب، في الكلية حلال، ومُحرَّم في الرئة". وقولهم: "بهيمة سُلخ جلدها وبقيت رقعة جلد بحجم درهم على العمود الفقري هي حلال".وفي المشناه مسطور "شرائع البهائم المُحرّمة"، ومن عيوب "بواكير المحاصيل" وعيوب "الأئمة"، ممّا يطول ذكره فكيف

شرحه. وذِكْر تشريح العظام بأوجز كلام وأبْين لفظ ومعنى. ومن مليح نوادرهم قالوا: "إنْ وُجدت الأحشاء الداخلية من غير ثقوب فالبهيمة مُحلَّلة"، ثمّ قالوا: "كذلك هو الحال إذا لم تنقلب الأمور. فإن انقلبت فالبهيمة غير مُحلَّلة، لأنه جاء: فهو عملكَ وأنشأكَ، يعني أنه تبارك وتعالى خلق الإنسان على أحسن هيئة، وإن انقلبت آلات الإنسان فلن يحيا". وما لهم من تفريق بين "دم الحيض أو الطاهر أو السيلان أو البتولية" والدم الكائن عن قروح وبواسير وغير ذلك، وكميات أدوار "الحيض"، وكذلك "سيلان" الذكور والغرائب التي لهم في "البَرص" ممّا يغمض عن أذهاننا.